新世紀叢書
當代重要思潮・人文心靈・宗教・社會文化關懷

離經叛道的
哲學大冒險

You Kant Make It Up!

Strange Ideas from
History's Great Philosophers

蓋瑞・海頓
Gary Hayden
著

邱振訓
譯

相關評論

好一道津津有味的問題百匯！在平凡無奇的外表下，卻能直搗哲學思辨的核心！

——馬丁．柯亨（Martin Cohen），《一〇一個有趣的哲學問題》作者

這本書實在趣味橫生！讓我們看到偉大的哲學家原來也這麼古怪又有趣！

——彼得．凱夫（Peter Cave），《機器人也是人嗎？》作者

讀起來太有意思了。好玩又有收穫！

——威廉．爾文（William Irwin），賓州國王學院哲學教授

離經叛道的哲學大冒險

【目錄】本書總頁數共304頁

給哲學冒險者的新手村公告

推薦序／朱家安（《哲學哲學雞蛋糕》作者）

對沒接觸過哲學的一般人來說，這門古老的學問可能會讓他聯想到算命和星座。對於淺嚐了哲學的人來說，印象最深的，恐怕是哲學家某些「荒誕」的想法，例如「我們有可能只是被養在桶子裡的大腦」、「其實桶子也不存在，沒有東西存在」、「連上帝也不存在」（！）。身為哲學推廣者，我和哲學哲學雞蛋糕一直以來的努力方向，是想辦法讓大家看見這些「荒誕」背後的理由和推論。哲學有價值的地方，我相信，並不是提供一大堆你沒想過的想法，而是為這些想法提供好理由和好推論。當你左右為難，並進一步思索該怎麼分析和回應這些理由和推論時，你已經走上思辨的道路。

《離經叛道的哲學大冒險》就是一本將「荒誕」背後的理由和推論呈現清楚的書。它蒐集了歷史上許多誇張的哲學主張，讓你一面覺得「這實在太扯了吧」，一面被迫面對哲學家為這些主張提出的有趣辯護。或許有人會一邊碎念「這麼扯的主張不可能成立啦」一邊闔上書，然而，就算知道某個主張不成立，也不代表知道支持該主張的推論**問題出在哪兒**。有興趣挑戰哲學家的讀者，不妨參考這個讀法：

- 這個哲學家的主張是什麼？
- 他提出哪些理由和推論來支持自己的主張？
- 這些理由和推論裡面，有沒有哪些過程怪怪的，或者使用了哪些令人起疑的前提？
- 他的主張，會導致哪些不合理的後果？

順著這些初步的分析步驟，你的哲學大冒險，也可以更快上手哦！

哲學給了我們好好活下去的理由

譯序／邱振訓

我在哲學系讀了十幾年，經常有人問我：「你們念哲學的是不是都很怪？」我必須說，哲學家真的有點怪！

許多人都說哲學（philosophy）就是「愛智慧」（philo-sophia），那麼哲學家大概可以說是愛智慧的人吧？可是若從正常人的眼光來看，要一直愛一個註定不會對這份愛有任何回應的對象，不能不說是怪得非比尋常。

不過，一旦我們隨著這些哲學家的熱切目光來看待在日常生活中不足為奇的問題，就會發現，說不定真正奇怪的其實是這個世界。為什麼這個世界上會有那麼多不同的事物？為什麼我們能相信親眼所見的這一切呢？追求自己的好處有什麼不對？為什麼要過有道德的生活？再說，我們又到底為什麼要過理性的生活？

會想找出這些問題的答案，就是哲學家異於常人的地方。說真的，不理這些問題，日子不也過得好好的嗎？何苦去計較這些沒有用的事呢？可是哲學家就偏偏不甘心過著這麼簡單打發的生活。蘇格拉底說：「未經反省的生命是不值得活的！」我想他之所以這麼說，並不是因為反省生命真的有什麼用，而是因為我們身而為人的天性就是會想辦法為自己找些樂趣。「想辦法為自己找樂趣」就是我們好好活著的證據。那麼，有什麼事情會讓人覺得有趣呢？

對哲學家來說，生活中的大小事情都很有趣。萊布尼茲是公認天才中的天才，他對各種領域的廣泛興趣與投入其中的熱情，使他融成一套能夠自圓其說的哲學體系；專注在如何離苦得樂的佛陀，也同樣試著從世間諸般苦難中開出一條涅槃之道。我們不一定要接受他們的想法，但是我們不能不承認他們確實很努力想出些辦法，讓自己和其他人的人生有了些意想不到的樂趣：原來，即使這個世界這麼糟，我們還是有好好活下去的理由。

由此來看，哲學家的許多見解雖然看似離經叛道，但是仔細想想，大概並不那麼莫名其妙。

我後來都會跟那些朋友說，念哲學系的人並不奇怪，只是我們會花大把時間練習注意生活中的點點滴滴，就像是冒險故事裡的人物一樣，總是要這裡摸摸、那裡瞧瞧，看看能找到什麼神祕寶藏。你可以不必讀哲學系，但是你也一樣可以成為哲學家！

在翻譯這本書的過程中，我經常為這些哲學家所找到的生活樂趣感到莞爾，也深深覺得作者實在有心，特地挖出這麼多奇思妙想，讓人讀起來欲罷不能！我試著在譯文中將這些趣味傳達出來，也衷心希望各位讀者朋友也能和我一樣享受這份樂趣。

民國一〇五年十月

「不管什麼奇怪、不可信的鬼話，都有哲學家說過。」——笛卡兒

緒論

哲學家都是聰明人。有些哲學家更是出了名的絕頂聰明。不過，他們也真的會說出些詭異的話來！

就拿德國哲學家萊布尼茲（Gottfried Leibniz）來說吧！萊布尼茲設計出了計算機，而且與同時代的牛頓（Isaac Newton）各自獨力發展出微積分，在物理學、邏輯、歷史、圖書管理學、神學等各方面也都貢獻卓著。我們實在很難說他還可以再更聰明一點。可是他居然說物體其實沒有形狀和大小，而且這個世界也不可能比現有的狀況更好！

再不然，我們看看法國哲學家巴斯卡（Blaise Pascal）吧！巴斯卡對物理學中的真空研究打下基礎，發明了注射器，並且留下舉世聞名的「巴斯卡三角形」，更是機率理論的創始者。可是他竟然說就算我們不相信上帝存在，還是應該相信上帝！

怎麼那麼奇怪？

哲學充滿了各種奇怪的想法。在這本書裡，你可以看到史上最偉大的思想家竟然會說物質不存在，還有人說獨角獸**真的**存在，嬰兒應該下地獄，或是你的心靈對你的行為根本毫無影響！

為什麼會這樣？哲學為什麼會有這麼多詭異的想法？這麼多的聰明人又怎麼會講出如此駭人聽聞的話？難道是因為天才與瘋子之間只有一線之隔？還是有什麼其他原因？

嗯，主要的原因或許是因為哲學本來就很奇怪。哲學所關切的，是所謂的終極問題。也就是說，哲學家有時候必須挑戰思想的極限，思考最極端的想法。而這也就難免會出現些奇怪的內容了。

看看那些試圖弄清楚在量子層次到底發生什麼事，或是想了解黑洞中央究竟是什麼情況的頂尖科學家吧，他們所描繪的世界圖像可是跟我們常識中的世界大異其趣呢！他們會說時間和空間可以扭曲，基本粒子既存在又不存在，而且在這個世界之外還有多重宇宙！

哲學家也有點類似這樣，他們也會問一些深刻而困難的問題，試著拓展理智的極限——甚至超越極限。像是：**心靈要如何連結到物質？我們真的能夠確定任何事嗎？如果生命真的有意義，那會是什麼？究竟是什麼使得某些行為會是「對的」，又使得其他行為會是「錯的」？如果真的有上帝，祂究竟會是什麼樣的存在？**

在探究這些問題的過程中，哲學家必須跳脫日常思考的桎梏。這也就難怪哲學家會發展出一些聽起來實在很奇怪的念頭了。

千奇百怪

這本書裡所提到的想法都很奇怪，但是它們奇怪的方式倒也各自不同。有些想法看起來擺明就是錯的，好比洛克（John Locke）說「橘子不是橘色的」就是。有些想法則是令人深感震驚，例如聖多瑪斯・阿奎納（St. Thomas Aquinas）居然堅稱手淫要比強姦更糟糕。還有一些人的想法，像是畢達哥拉斯

（Pythagoras）所說的「一切都是數」，看起來根本就毫無道理可言。

有些想法乍看之下確實很怪，但是一旦靜下來仔細思考，就覺得其實也沒那麼荒誕不經。某些想法陡然聽聞會覺得離經叛道，但後來卻蔚為主流（至少在哲學圈子裡是主流啦）。而這一切都導向一個重點……

奇怪卻真確

奇怪的想法不一定就是**錯誤的**想法。

在閱讀這本書的過程中，這些人的想法可能會使你震驚，也可能逗你發笑、惹你生氣，或是讓你困惑。但是你終究也會認為這些想法有其道理。說不定你會發現自己在閱讀本書時頻頻點頭，甚至接受了一些原本認為**不會**接受的想法呢！

所以，聽好了！這本書後頭的內容可能會讓你從此堅信橘子不是橘色的，相信物質並不存在，相信哈利波特**確實**存在，還會相信我們這個世界不是真的！

如何閱讀本書

我把這本書分為四十三章，每章分別處理單一想法。這些想法的主題涵蓋了倫理學、邏輯、政治學、形上學、心理學、性別與宗教等等。為了平衡起見，讀者最好依序閱讀，而且在每一章之間要保留點時間好好思索一下。不過這絕非必要。你大可在不同章節間跳著讀，也可以一口氣讀到底，隨你高興。

每一章的開頭，我會先介紹一個奇怪的想法，然後談談提倡這想法的知名哲學家所舉出的一些論證。我會儘可能地根據哲學家的原意來表述他們的觀點。不過在那之後，我通常會舉出一些批評，也就是駁斥這章主題的一些論證。總之，我會盡量保持公平，留給讀者自己做判斷。

我在每一章節的結尾會標出與這章內容相關的章節；如果你想要跳著讀，這些標記可以有些幫助。我在本書最後也列了一些延伸閱讀的建議書目，如果有哪位哲學家或是什麼想法讓你特別感興趣，也不妨找來參考看看。

1 不是真的「壞」

希臘哲學家蘇格拉底（Socrates, c. 469-399 BC）深信人類理性的力量。他相信我們如果能好好培養理性，我們就能擁有德行，並且獲得幸福；他也相信，我們如果真的知道什麼是善，就會努力去做；他也相信，人之所以為惡，純粹是因為無知所致。

有些人大概會懷疑，蘇格拉底到底是住在哪個星球啊？我們早就從經驗中發現理性有多麼軟弱無力，而且知道什麼是對的跟真的去實踐這兩者之間，也確實存在著一道鴻溝，不是嗎？

理性的聲音

當然嘍，我們不會認為像蘇格拉底這麼高超的哲學家在提出如此駭人聽聞的說法時，會不說出一點道理來。而且，蘇格拉底確實有他的理由這麼說。底下就是他的論證。

我們都是**享樂主義者**（hedonist）。也就是說，我們的所作所為，都是由希望體驗快樂和逃避痛苦的欲望所推動。這表示所有關於善惡的討論，說穿了都要歸結到對於苦樂的考量。凡是能讓我們快樂的就稱為「善」，而凡是使我們痛苦的就會被叫作「惡」。

很明顯地，絕不會有人自願選擇痛苦而不要快樂。而這就相當於說人絕不會自覺地選擇為惡而非為善（因為善就是樂，苦就是惡）。因此，任何人若**確實**選擇為惡而非為善，必定是搞錯了：他誤將惡當成是善。

也因此，理性健全的人也必定總是做出那些對**自己**好的事。可是，他們的智慧真的就能讓他們擁有德行嗎？難道智慧也會要求他們善待**其他人**嗎？蘇格拉底認為確實如此。為什麼呢？他說，行不義之事不只傷害那些我們所冒犯的人，也傷害了我們自己。因為我們若行不義之舉，就會傷害到我們的靈魂。所以，正當地對待他人，也就是對我們自己做正確的事。

經驗的聲音

所以，蘇格拉底說，我們要是真的知道什麼是善，就會努力去做；而知識也就是德行本身。對這說法最直接的反駁，是說這個論證不是個好論證，因為這個論證的結論顯然是錯的。人**確實**經常選擇為惡——而且可能還會明知故犯。

舉例來說，一個病態肥胖的人可能毫不懷疑他高油高糖的飲食習慣會危害健康，不只讓他身型臃腫，還會傷害他的自尊。但是，就算知道又如何？他仍然日復一日地選擇那些有害的食物，而不是健康的飲食。

蘇格拉底的回應

蘇格拉底也料到了這種反駁。他說：「『絕大部分的人』都假設在人身上真正掌控一切的並不是知識，而是其他東西——一下子是興奮的血氣，一下子又是快樂，一下子是痛苦，而有時候又是性慾，而且往往是受恐懼所控制。」

不過，蘇格拉底也堅稱，問題的真正關鍵並不在於知識的無能為力，而是因為看起來像是知識的，其實根本不是真正的知識。任何選擇為惡的人會這麼做，純粹是因為他不相信那個行為**真的**是錯的。

蘇格拉底怎麼知道事實是如此呢？嗯，因為我們都是享樂主義者，而且永遠都會選擇最大量的快樂和最少量的痛苦——**只要我們計算無誤的話，就該這樣**。要假定有人會自願選擇較小的快樂，較大的痛苦，那實在是荒謬絕倫。因此，錯誤的選擇就**必定**只會來自於計算錯誤。

如果前面提到的胖子真的知道他選擇的內容究竟是什麼，而且也有足夠的能力計算出這麼做的後果，他就不會餐餐都吃漢堡薯條，而會選擇海鮮沙拉了。

不是真正的蘇格蘭人

蘇格拉底在這裡似乎犯了「不是真正的蘇格蘭人」的毛病：為了逃避反例而精心設計一套說詞，藉以保護自己原本的宣稱。「不是真正的蘇格蘭人」這個說法，是英國哲學家福祿（Antony Flew, 1923-2010）在《正確思考》（*Thinking Straight*, 1977）中首次指出的謬誤。可以簡單舉例如下：

約翰：沒有蘇格蘭人會在麥片粥裡加糖。

珍：但是麥克斯帕蘭（Angus McSporran）是蘇格蘭人，而且**他**也真的會在他的麥片粥裡加糖呀！

約翰：可能吧。不過**真正的**蘇格蘭人是絕不會在自己的麥片粥裡加糖的！

這看起來不就是蘇格拉底的說法嗎？

蘇格拉底：知道什麼是善的人，就會為善。

費多：可是麥克里迪（Jonathan McGreedy）知道什麼是善，但他也沒做善事啊！

蘇格拉底：啊，可是如果他**真的**知道什麼是善，他就一定會選擇為善的！

延伸思考

⬇21. 噢！我感覺棒呆了！

⬇30. 你怪不了任何人

⬇43. 未經反省的生命

2 好到不能更好了

所有人都會同意，這個世界在很多方面都有點糟糕。儘管這世界上有些歡樂與美好，但是也有醜陋、憤怒與痛苦。這對**有神論者**（theist，也就是相信有全能、全知、全善的上帝存在的人）來說，就形成了一個嚴峻的問題：畢竟，如果上帝真的全能全知全善，那祂又為什麼要造出一個次等品質的世界？

德國哲學家兼數學家萊布尼茲（1646-1716）是個徹頭徹尾的有神論者，他就非常關注這個問題，而且在一七一〇年出版的《神義論》（*Theodicy*）中詳加討論。他把無神論者（anti-theist）的挑戰整理成底下這樣：

1. 如果上帝是全能、全知、全善的，那祂就會創造出在所有可能世界之中最美好的世界。
2. 但是這個世界絕對不是在所有可能世界中最美好的世界。
3. 因此，上帝絕不會是全能、全知、全善的。

可能世界

上面這番話裡頭所說的「可能世界」到底是指什麼？嗯，我們可以設想，這個世界有無數種或許可能存在的狀態。而這些狀態中的每一個都可能確實存在，所以上帝就有可能創造出那樣的世界，只要那樣的世界是一個邏輯上一致的即可。（就算是全能的上帝，也不可能造出一個邏輯上**不一致**的世界：舉例來說，造出一個二加二等於五的世界，或是造出一個在物理法則和豬的生理結構等所有方面都和我們這個世界一樣，可是豬卻能夠在天上飛的世界。）

要了解這一點，或許可以從想像我們這個世界有可能會變成什麼模樣開始。比方說，這本書有可能會有額外的一個章節，或是二〇一〇年的海地大地震從沒發生過，豬能在天上飛，諸如此類。所有這些想像中的世界（如果在邏輯上可以保持一致的話）全都是可能世界。除了這些可能世界之外，還有許許多多與我們這個世界截然不同，讓我們根本想像不出來的可能世界。

最佳的可能世界

釐清上面這一點之後，我們就可以來檢視一下萊布尼茲對無神論者的論證有什麼樣的回應了。萊布尼茲說，上帝的名聲不會因為這些說法而受損，因為我們所居住的這個世界，就是可能存在的世界中最完美的一個。這個世界**就是**所有可能世界中的最佳世界！

這聽起來實在是太誇張了。萊布尼茲是真心要說沒有任何世界會比現在這個世界更好嗎？難道一個更少痛苦、疾病和災難的世界不會更好嗎？或者，打個實際點的比方，一個沒有在二〇一〇年發生地震，在海地造成上萬傷亡和無數悲劇的世界，難道不會更好嗎？

萊布尼茲在《神義論》中用兩種方式來回應這項反駁意見。首先，他指出，儘管我們可以輕易設想這個世界的各種不同面向都有所改進，但是我們卻沒辦法判斷這麼一來會出現什麼樣的連帶效果。看似變得更好的變化，事實上卻可能使得整體變得更糟。相反地，上帝明瞭這一切，而且由於祂考慮到一切狀況，所以創造出了善最能多過惡的這個世界。

就拿人類能為惡的能力來說吧。這種能力無疑會是造成許多不幸與苦難的原因。而上帝看起來確實可以造出一個只要剝奪我們的自由意志，就能夠使得世上沒有道德邪惡的世界來。可是在萊布尼茲看來，由於自由意志是一種最高善，所以這個既沒有邪惡也沒有自由意志的世界，就會比我們所居住的這個世界要差得多了。

其次，萊布尼茲說，我們用來判斷可能世界優劣的標準其實太偏狹了。我們習慣只以人的幸福為標準來下判斷，而上帝則會採用其他更豐富的判準。萊布尼茲說，從上帝的眼光來看，由一套最單純的自然律產生最多樣現象的世界，就是最佳的可能世界。

很好。為了論證需要，我們姑且接受他的說法。但儘管如此，萊布尼茲怎麼能夠確定擁有當前的這些現象與法則，而且充斥著現下這些善惡比例的**這個**世界，就會是可能世界中最好的那個呢？

這世界「必然」就是最佳的世界

萊布尼茲的回答如下：「我不相信可能存在一個比現有世界更好的，沒有邪惡的世界；不然的話，上帝就會選擇創造那個世界了。我們必須相信世上所摻雜的邪惡其實造就了最大可能的善，否則上帝根本不可能允許邪惡存在。」

換句話說：

1. 如果上帝是全能、全知、全善的，那祂就會創造出所有可能世界中最佳的世界。
2. 而上帝**確實**是全能、全知、全善的。
3. 因此，這個世界也**確實**就是所有可能世界中最好的世界。

萊布尼茲將無神論者的論證徹底扭轉了方向；而這個形上學中的大膽主張，卻也不禁讓我們聯想到一個故事：有一名少女謀殺了自己的父母，她在法庭上向法官哭訴，請他同情同情她這個可憐的孤兒……

延伸思考

➡ 3. 糟到不能再糟了

➡ 20. 萊布尼茲的美妙童話

3 糟到不能再糟了

德國哲學家叔本華（Arthur Schopenhauer, 1788-1860）是史上最陰鬱、最暴躁的思想家。他的哲學思想淒涼萬分，而且令人沮喪。不過，儘管如此，讀他的作品倒是逸趣橫生。他和同樣出身德國的康德（Immanuel Kant）或黑格爾（Georg Wilhelm Friedrich Hegel）不同，寫得一手漂亮文章；除此之外，他還擁有極佳的幽默感——只是有點太辛辣尖酸罷了。

痛苦與無聊

叔本華認為，人生就是在痛苦與無聊之間不斷擺盪。我們窮其一生追求許多事物（例如財富、地位、藝術成就、愛情等），而且會因為未能滿足這種欲望而飽受煎熬，直到獲得這些事物為止。可是一旦我們真的獲得了這些事物，這些事物就失去了那迷人的光采，而我們也隨即就對這些我們所追求的事物感到無聊。

他寫道：「『意志的』欲望無窮，而意志的命令也源源不絕，每個得到滿足的欲望都會誕生出新的欲望來。世界上沒有任何滿足能夠遏止這份渴望，能為意志的要求設下最終目標，或是填滿心中無底的深壑。」

世界就是意志

叔本華說，整個現象世界（也就是呈現給我們感官的這個世界）就是意志的展現。這句話到底在說什麼？嗯，這想法大概的意思如下所述。

我們可以透過兩種不同的方式來知道與理解自己的行動：

1. 以因果方式來理解行動，就像了解其他現象一樣；
2. 以一種更直接的方式，亦即透過對動機的闡釋來理解意志的行動。

而我的身體行動既然是**我的意志**的展現，那麼其他的一切現象也就會是**普遍意志**（general will）的展現了。

因此，意志就會是一切事物的根據（grounding）。事物最終都是普遍意志的一種表現。但是普遍意志與我的意志不同，我的意志是由動機所推動，而普遍意志則沒有動機。普遍意志是盲目而漫無目的的。

所有世界中最糟糕的

我們在前一章裡看到萊布尼茲是怎麼從他對全能、全知、全善的創造者的這份信念，推導出他對於這個世界就是最佳的可能世界的看法。而絲毫不令人意外的是，叔本華徹底否認這種想法。他寫道：「此中荒誕不經，實在教人瞠目結舌。」

叔本華認為現實世界是盲目意志的產物的這個觀點，讓他得出了一個截然不同的結論。這世界糟糕透了。這個世界——包括我們在內——最好打從一開始就從來沒存在過。

事實上，叔本華不僅不滿於只說這世界不好，他甚至還更大膽，也更有意思地宣稱，這個世界就是在所有可能之中最差勁的一個。他在《作為意志與表象的世界》（*The World as Will and Idea*）第二卷中提出了這樣的論證：

「如今這個世界的狀況，就是能夠在歷經千辛萬苦後還能繼續存在的模樣；要是再糟那麼一點，這世界就沒辦法繼續存在下去了。所以，既然糟糕一點的世界沒辦法繼續存在，那麼，那樣的世界就絕對不可能存在了；因此這個世界本身也會是在所有可能世界中最糟糕的一個。」

這個論證既巧妙又有趣。但是，這個論證建立在一個可疑的前提上，也就是我們所居住的這個世界竟然搖搖晃晃地處在徹底虛無的邊緣；只要狀況稍微變得差一些，這整個世界就會灰飛煙滅。

叔本華列舉了許多不同的證據來支持他的主張。例如他說，「有九成的人活在因匱乏而出現的持續衝突之中，一直在毀滅的邊緣努力苟延殘喘。」此外他也說，只要地球的軌道偏離一點點，地球上的所有生物就會全數滅絕。

諸如此類的例子可能會使我們相信地球上的生命都是脆弱不堪的，甚至承認地球確實是個爛透了的地方。但是，這些例子並不能讓我們相信只要狀況變得稍微差一點，這個世界就無法繼續存在了。因此，這些例子說服不了我們相信這個世界就是所有可能世界中最糟糕的一個。

叔本華向我們保證，他的論證「嚴肅而誠懇」。然而，我實在忍不住要想像他在說這句話時，眼裡還帶著一絲頑皮的笑意。當然，這只是我的意見罷了。搞不好他真的是超級認真呢！

延伸思考

⬇ *2.* 好到不能再好了
⬇ *23.* 苦難的終結

4 —自私的動機

真的有人做過完全無私的舉動嗎？答案當然是「有」。我們每天都看得到利他與仁慈的行為榜樣。人們會響應慈善捐款，志願投入服務工作，也會對陌生人做出仁慈的行為。不過，心理利己主義（psychological egoism）這個思想學派卻主張，這些行為沒有一個是真正為了利他而做的，這些行為終究是根據自利的動機而為。但是人們做這些行為，到底是根據什麼樣的自私動機呢？這個問題，可以問問英國哲學家霍布斯（Thomas Hobbes, 1588-1679）。

人類的天性

霍布斯最廣為人知的，是他的政治學著作《利維坦》（*Leviathan*），他在書裡發展出一套「政治科學」——亦即如何建立一個和平社會的藍圖。他在書中先指出一些關於人性的基本事實，藉以預測人們在不同的環境下會有何反應。接著他就能藉此建立起一套科學形式，指出什麼樣的政府才能夠確保和平與安定。

霍布斯對人類天性所採取的觀點並不討喜。他認為人都是貪婪、好爭、好鬥的。他寫道：「如果有兩個人欲求相同的東西，但是他們又不能共享那個東西，他們彼此就會變成仇敵；而且……會努力毀滅對方或使對方屈服於自己。」

利他的根源

既然霍布斯認為人是貪婪自私的，我們不免會懷疑他要怎麼解釋先前提過的那些慈善行為。霍布斯的答案是，事實上，這些行為都是出於自利的動機。

這話怎麼說呢？嗯，霍布斯說，人除了貪婪好鬥之外，還可以講理。人類能夠思考自己的最佳利益究竟何在。舉例來說，人能夠了解到，不受拘束的貪婪與侵略性格將會導致衝突和戰爭，最終也將危害自己的性命。因此，人們為了確保自己的和平與安全，就會願意重視其他人。

接下來，在個人自利這個看似不可靠的基礎上，霍布斯重新建立起整個道德規範。他在《論公民》（*On the Citizen*）一書的獻詞中寫道：「我相信，從

『人性貪婪與人能講理』這些起點出發，我已經透過最明顯的推論證明出……和諧一致與保持信仰的必要性，更因此證得了道德德行與公民責任的原理。」

幫助他人——也很自私

你可能會意外的是，大家都說霍布斯本人非常樂善好施。古書收藏家兼作家奧柏瑞（John Aubrey）就曾經寫道，他親眼見到霍布斯把自己身上的錢全掏出來捐給路上的乞丐。這舉動不論怎麼看，十足就是個利他的行為，但是霍布斯卻堅稱他是出於自私的動機：「我一想到那個老人的可憐樣，就覺得痛苦萬分；而我這點救濟金不只紓解了他的困境，也讓我感到舒坦。」

所有看似無私的行為都可以同樣重新解釋。年輕人志願參與施粥，是為了讓自己好過，也為了讓朋友感佩；母親徹夜不眠地照顧生病的孩子，是為了滿足她自己的情感需求；飛身撲倒在手榴彈上好拯救同袍的士兵，則是因為一心想要成為自己和他人眼中的英雄才會這麼做。

每個行動都是自私的

所以說，像霍布斯這樣的心理利己主義者主張的理論，其實比乍看之下更加細膩。他們不會說出人永遠不會做出慈善行為這種明顯的假話，反而會說，如果我們正確理解慈善行為，就知道它們其實都出於自利的動機。

事實上，的確有可能設計出一個論證來證明所有的行為最終**必定**都出於自利的動機。論證大致如下：你自願做出的行為必定是你在衡量過後還想要做的行為；因此，終究說來，你是為了滿足自己的欲望而行動，也就是說，你其實是出於自利才那樣行動。

花稍的招式

但是，這個論證似乎耍了些花招。心理利己主義者在面對看似慈善的行為時，只是把焦點從外在行為轉向了內在動機。但是內在動機是種私密的事物，沒辦法公開檢驗。所以，心理利己主義者其實只不過是對人類的動機做出了某種**假設**——而這假設既不能檢驗，也無法得到任何確認或否證。一旦**只要表現**

出任何行為，他們就會說那一定是自利動機所推動的。為什麼一定是如此呢？因為心理利己主義者對那個行為者的心理運作就是如此假設。

約翰：那個人剛剛做的那件事實在是太公正無私了！

珍：才怪，那只是**看起來**無私而已。其實他有他自私的動機。

約翰：妳怎麼知道的？

珍：因為所有的行為**事實上都是**出於自私的動機啊！

這個說你所有自願的行為都必定是因為你想做才做，因此一定都是出於自私動機的論證也同樣很可疑。這個論證假定了你不會有無私的動機，凡是你想要做的，都是出於自私的理由才想要。但這就是我們現在要討論的內容，不能夠這樣簡單假定就算了。

延伸思考

➡ 25. 自私是美德

5 ─ 什麼都不會改變

整個宇宙就是個單一、不變的球。沒有過去，也沒有未來。沒有任何事物會動，也沒有什麼會改變。

這些可不是什麼糊裡糊塗的怪人或是毒蟲隨口胡謅的蠢話，而是史上最有影響力的古希臘哲學家之一——巴門尼德斯（Parmenides）所仔細思考、縝密論證的結論。

理性的先驅

巴門尼德斯（約在西元前五世紀期間活動）生於希臘的殖民地伊利亞（Elea），也就是今天義大利的南方海濱。我們對他的生活所知甚少，連他的作品也殘存不多。他唯一留下來的作品據信長達三千句，但如今尚存的總共只剩下一百五十句。

巴門尼德斯能夠躋身哲學名人堂之中，是因為他乃第一位採用嚴格的推理來證明自己形上學主張的人。他和許多當時的人一樣，都用詩作來傳達自己的想法；但是與眾不同的是，他並不滿足於只是將自己覺得有趣或可靠的想法表達出來而已。他運用邏輯，一步一步、一個論證一個論證地建立他的理論。換句話說，他**證成了**（justified）他的主張。

巴門尼德斯的詩作《論自然》（*On Nature*）被譽為西方哲學史上第一部嘗試建立系統性論證的作品。不論從什麼標準來看，這都是了不起的成就。

什麼都不會改變

要翻譯或詮釋巴門尼德斯的作品並不是件容易的事。一方面因為他是用詩來表達自己的想法，另一方面則是因為他既然身為建立系統性論證的先驅，在表達他的想法時，有時不免就會格外字斟句酌。

儘管如此，他思想中的某些特色倒是相當清楚。他所採取的最根本原則是：**凡是存在的事物，必然存在；而凡是不存在的事物，也必然不存在**。他從這一點推論出，一個事物既不可能從無變有，也絕不會自有變無。為什麼呢？嗯，本來不存在的事物不可能從無**變為**有，因為這樣的話，存在的事物就是從不存在的事物變來的了。但是凡不存在的事物，就必然不存在；也就是說根本就沒有不存在的事物啊！同樣地，一個已經存在的事物也不會從有**變為**無，因為那就表示存在的事物就會變成為不存在的事物了。而根據我們的定義，不存在的事物必然不存在。

巴門尼德斯進一步推論，整個世界就只是一個單一事物，而不是許多事物。為什麼會這樣呢？因為如果整個世界是許多事物，那麼每個事物彼此之間就必定要由不存在的事物隔開；也就是說，事物與事物之間必須是空的。但是根本就沒有這些不存在的事物，因為凡是不存在的事物，必然不存在。

同樣的想法也可以說明為什麼沒有事物會動。道理是這樣的：如果一個事物要動，必定要移動到一個空無的空間。但是一個空無的空間就是**沒有**事物存在的地方；換句話說，也就是不存在的事物存在的地方。可是既然不存在的事物必然不存在，也就不可能有空無的空間存在了。

同樣地，變化也是不可能的。這是因為無論你在什麼時候思考，或是表達你的某個想法，你總是在想著**某個**事物。換句話說，你的思考就指向了一個在你自己之外的事物。但是你可以在**任何**時間思考或者指涉到同一個事物。因此，那個事物必定不論何時都以同樣的方式存在著。所以沒有任何事物會有所改變。

理性的優越

我們可以從很多方面來反駁巴門尼德斯。例如，我們可以說他是在玩文字遊戲，或是誤用了字詞——至少，可以說他太過看重文字的意思了。像是「存在」、「不存在」這種詞語，雖然看起來簡單，可是事實上卻很難處理。只要想想「牙仙不存在」這句話，就可以明白這一點了。這句話雖然淺顯，卻是哲學上的難題。因為你為了要說牙仙不存在，你就必須要指涉到牙仙。可是既然你能夠指涉牙仙，那就很容易讓人以為牙仙存在——至少在某種意義上會是如此。

可是對巴門尼德斯最自然的反駁，是他對現實世界的看法擺明了與我們的感官證據彼此矛盾。他說這整個世界是一個單一事物，不動也不變，可是我們只要轉頭看看四周，就會發現世界上包含了許多事物，而且這些事物有時會動，也會有所變化。

巴門尼德斯爽快地承認這一點，可是他還要堅持說理性比感覺來得優越。如果理性與感覺彼此矛盾的話，感覺一定輸得慘兮兮。巴門尼德斯堅稱，我們必須接受由論證帶領我們所得到的結果。

理性證明了世界是單一不變的事物，感覺則告訴我們世界有許多事物，一直變動不居。可是理性是最優越的；只有理智才能夠揭露出事物的真實面貌。透過視、聽、嗅、觸、嚐所掌握的世界，只是種幻象罷了。

巴門尼德斯的想法影響極為深遠。隨後的大多數哲學家都畢生致力於調解他所說的萬物不變，以及感官證據之間的明顯衝突。舉例來說，列烏奇普斯（Leucippus）與德謨克利圖斯（Democritus）就試著用不會變動的原子來解釋世間千變萬化的現象。

更重要的是，巴門尼德斯嚴格論證的方法以及他對於表象和實在兩者間的區分，直到今天都依然佔據著哲學研究的核心地位。

延伸思考

➡ 6. 萬物總是在變化

➡ 29. 哈利波特真的存在

6 萬物總是在變化

我們對希臘哲學家赫拉克利圖斯（Heraclitus, 535-475 BC）所知不多，但是大部分人都同意他是個傲慢、討人厭的傢伙。西元三世紀的傳記作家雷爾修斯（Diogenes Laertius）在《頂尖哲學家傳述》（*Lives and Opinions of Eminent Philosophers*）中說，赫拉克利圖斯對人類的厭惡使得他最後遠離了社會，避居於山林草木之間。他的想法是因為後世的斷簡殘編中曾提到，才得以留存至今。

赫拉克利圖斯最為人所知的一句話，是「我們既能夠，又不能夠踏進相同的河流」。這實在是句謎樣的宣稱，後人對他這句話究竟要表達什麼也有不少爭論。不過，他的論點看起來或許可以如下表示。

河流由水所構成。更準確地說，是由流水構成。這就表示構成河流的物理組成無時無刻都在改變。構成這一刻河流的水不同於在另一時刻構成河流的水。所以儘管我們可以踏入河流兩次，但是嚴格說來，我們卻沒辦法兩次都踏入**相同的**河流。河流有個迷人的特徵，就是一直變動不停。變化既是河流的部分，也是河流的全部。一條靜止的河流根本不能算是河流，而是其他的東西，例如可能是池塘，也或許是湖泊。

萬物總是在變化

這個觀點本身是個了不起的洞見；但是除此之外，赫拉克利圖斯還想得更深刻。他主張，**所有的事物**都像河流一樣不停改變。他說：「太陽……不只是每天都是新的，而且每天都一直有新的太陽形成」；而且，「『不』可能觸摸同一個對象兩次。」

現代科學支持了他這個概念。我現在面前有張木造書桌。如果我摸了這張書桌兩下，我碰到的是同一張書桌嗎？在某個意義上來說，是的；但是在另一個意義上來說則不是。怎麼會這樣呢？嗯，科學家告訴我們，雖然這張木造書桌看起來堅固不變，可是事實上卻是由幾十億個不停運動的次原子粒子所組成。所以儘管我可以摸這張書桌兩次，但是嚴格說來，我卻不能兩次都摸到**同一張**書桌。萬物總是在變化。或者，用赫拉克利圖斯的話來說，「沒有事物能固存；萬物總在變化中」。

人人也都在改變

這道理對河流與書桌來說如此，在人身上同樣如此。我們的生活也一樣不停地在改變。赫拉克利圖斯看到了這一點，因此在觀察到我們不能踏進同一條河流兩次之後，他緊接著說：「我們既存在又不存在。」

變化既是我們天性的一部分，也是我們天性的全貌。在我們的整個人生之中，我們不只在物理方面會有改變，在心靈方面也同樣有所變化。當我們拿現在的自己跟過去的自己相比較時，就會覺得自己既是同一個人，又不是同一個人。

赫拉克利圖斯在他這些謎樣隱晦的宣稱中似乎是要告訴我們，事物不是由它們本身的物質組成所決定，而是由潛藏在底下的變化原則來定義。這個觀念實在很奇怪，甚至有點弔詭，但是底下這個例子應該可以有助我們理解。

特修斯之舟

傳說中，雅典青年特修斯（Theseus）搭上船隻前往克里特島，要打倒半人半牛的牛頭人（Minotaur）。當特修斯擊敗怪物，返回雅典之後，眾人將他所搭乘的船隻保存了下來，永誌這段英雄事蹟。

時光荏苒，這艘木造船有些部分開始腐朽，需要汰換。結果，因為換掉的木頭太多，已經搞不清楚原本的船隻還有多少部分留下來。這使得雅典哲學家開始爭論這艘已經改頭換面了的船，到底還該不該算是原本的特修斯之舟？

這個問題確實麻煩。尤其當我們想到這原本船上的每一片木板都換新之後，這問題就更棘手了。從什麼意義上來說，這艘船還是同一艘船呢？大多數人在略經思考後大概都會同意，雖然我們是一次一點一點地逐步更替木板，使得這艘船在物質組成上歷經了徹底的改變，但它仍然是同一艘船。其中的關鍵在於它的持續性。

發生在河流、太陽、日常事物，甚至在我們身上的種種變化，就像是特修斯之舟所歷經的改變一樣。萬物都在持續的流變之中；但是所有的變化都依循著如同法則一樣，能夠確保持續性與秩序的原理。所以，儘管事物有所改變，卻仍是同一個東西。

現代的新轉折

特修斯之舟這個難題在現代出現了一個新的轉折，不僅讓這問題更添趣味，也更清楚描繪出在赫拉克利圖斯的想法裡的那些弔詭成分。在這個新版本的故事裡，我們把每一塊木板都換新之後，又把舊的木板重新組成另一艘船。這麼一來，就有兩艘都能夠號稱是「特修斯之舟」的船了！

1. 第一艘是下得了水，由原本的特修斯之舟逐步汰換更新的船；
2. 第二艘則是由原本組成特修斯之舟的木板重新建造而成的船。

下得了水的那艘船之所以能夠稱為特修斯之舟的理由，前面已經說過了，跟持續性有關。而由那些爛木板組成的破船之所以也能夠叫作特修斯之舟，是因為這艘船是依照原本的設計，由原本的材料打造而成。在這個現代版本的故事裡，**時空連續性**與**物質組成**在事物的持續存在這件事中究竟扮演什麼角色，哲學家至今仍爭論不休。

「特修斯之舟」大概是在赫拉克利圖斯過世之後才出現的難題。然而，赫拉克利圖斯倒是很敏銳地察覺到了這個故事（甚至是現代新版的故事）中的問題。他說過：「我們**既能夠**，**又不能夠**踏進相同的河流」；又說：「我們**既存在**，**又不存在**。」所以他其實早就認知到，時空連續性與物質組成都會影響我們日常生活中的思考方式，也會影響到我們怎麼看待一個物體的持續存在。

不過，撇開日常生活中的思考不談，赫拉克利圖斯確實認為，持續性就是能夠讓事物持續存在的真正原理。因為事實上，在流逝的時光中，從來沒有任何事物能夠**真的**讓它從裡到外的各個部分都保持不變。

延伸思考

⬇ 5. 什麼都不會改變
⬇ 23. 苦難的終結

7 圓滿的完美

西元一〇六三年，一名叫安生（Anselm，封聖後稱為聖安生）的本篤會修士被指派到諾曼第的貝克修道院擔任院長（後來，他又頗不甘願地被高陞為坎特伯里大主教）。教會派給他許多繁重的責任，但他還是能夠擠出些時間，隨著自己的興趣，浸淫在哲學與神學的研究之中。

在貝克修道院這段期間，聖安生有了一個想法，而且這想法很快就變成一種執念。他想要找出一個論證來證明上帝的存在確切無疑。這個想法一直緊攫著他，不只讓他荒廢了其他責任，而且還讓他開始懷疑這一切究竟是不是來自惡魔的誘惑詭計。

不過，到頭來，他還是成功提出了一個能讓自己滿意的論證。他所努力的成果如今稱為本體論證（ontological argument；在希臘文中，*ontos* 是「存在」的意思，而 *logos* 則是「知識」的意思），至今仍令哲學家與神學家爭論不休。這個論證標榜：根據定義，上帝本來就存在。

在想像中最偉大的存有

聖安生的本體論證大致上是這樣：我們可以將上帝定義為「沒有其他事物可以比祂更偉大的存有」；換句話說，上帝是在想像中最偉大的存有。就算是在《詩篇》中（14：1）那個說上帝不存在的「愚頑人」也了解這個概念；因此，愚頑人也必定要承認至少在他的心裡有個在想像中最偉大的存有。然而，在現實中能夠存在顯然要比只在心裡頭存在來得更加偉大。因此，如果在想像中最偉大的存有只存在於心裡頭，那我們就可以設想一個比它更偉大的存有，亦即在現實中也能夠存在的存有。可是這太荒謬了。因為這樣我們就可以設想出一個比想像中最偉大的存有更偉大的存有。為了要避免這樣的荒謬結果，我們必定要接受上帝不只存在於心靈之中，也存在於現實之中。

聖安生證明了上帝存在之後，繼續用這個本體論證來推演存在於上帝本性中的其他面向。他說，擁有全能、全知、仁慈等特質，要比沒有這些特質來得更好。所以上帝這個在想像中最偉大的存有必定擁有這一切特質。

老實說，這個論證有點迂迴。大部分人在第一次看到這個論證時，大概會一讀再讀，設法搞懂它到底是什麼意思。但基本上，聖安生要說的就是，在現實中能存在，會比只有在心裡頭存在來得更好。因此，想像中最偉大的存有必定會存在於現實之中。

最完美的存有

法國哲學家笛卡兒（René Descartes, 1596-1650）在《沉思錄》（*Meditations*）中的第五沉思中，也提出了他的本體論證版本。笛卡兒除了是一流哲學家之外，也是知名的數學家，而這也讓他能夠提出清晰而精準的論證。他的本體論證版本就是個例子，讀起來比聖安生的版本輕鬆多了。

笛卡兒將上帝定義為「最完美的存有」，而既然存在是種完善，因此根據定義，上帝也就必然存在。「要想像上帝（也就是最完美的存有）不存在（也就是欠缺某種完善），無異於想像有高山卻沒有深谷一樣。」正如從三角形的定義就可以推得一個三角形的內角和等於兩個直角一樣，從上帝的定義也可以推得上帝必然存在。

高尼洛的小島

第一個批評本體論證的人是與聖安生同時代的一名修士，名叫高尼洛（Gaunilo）。高尼洛說，聖安生的論證分明是錯的，因為按照那種推理方式，人人都可以證明任何**完美的**事物——例如，一個在想像中最完美的小島。

聖安生的回應是，本體論證只能適用於上帝。理由是這樣的：一個不能想像有比它自己更偉大的事物存在的存有，是個非常清楚、絕不含糊的觀念。既然如此，我們就可以用這個概念來「發現」上帝，我們可以藉此推論出關於上帝的存在與其性質的知識。但是我們對於最完美的小島的概念並不是清楚而毫不含糊的，所以不能套用同樣的推理方式。

康德的反駁

德國哲學家康德（Immanuel Kant, 1724-1804）也反對本體論證。他的說法是，存在不是個述詞（predicate）。換句話說，「存在」不是任何事物可以擁有或欠缺的性質。當我們說某個事物存在的時候，我們並沒有在這事物的觀念上附加什麼東西；我們只是說在這個世界上，有個事物與這個觀念相符合。既然「存在」不是個上帝或其他事物能夠擁有或欠缺的東西，那麼本體論證打從根本就無法成立了。

康德說存在不是述詞的這個說法對不對？嗯，這是個非常技術性的問題。不過，至少我們可以說絕大部分的哲學家（雖然不是全部）都同意，存在的確不是個述詞。

本體論證的魔力

本體論證吸引了哲學家近上千年，所以儘管有點怪異，但它必定有些值得考慮的地方。我第一次讀到本體論證時，是在笛卡兒的《沉思錄》中看到。我當時的第一個反應是完全不可置信。怎麼會有人拿這種前言不對後語的論證當真呢？

但是後來我多想了幾次，結果居然發現，一旦我不再把上帝看作是一種鬼魅般的概念或是白鬍子老人的形象，而是把祂當成擁有一切完美的一種抽象概念，這個論證就說得通了。我那時就開始覺得笛卡兒畢竟還是沒說錯。

後來我發現，我不是唯一一個有這種經驗的人。英國哲學家羅素（Bertrand Russell）年輕時也有類似的經驗。他在自傳中這樣寫：「我出門去買罐菸草，買好後沿著三一街走回來，我突然一邊把整罐菸草拋向天空，一邊大喊：『老天爺啊！本體論證是對的！』」

羅素後來也跟我一樣改變了想法。不過，這整件事都顯示出本體論證所擁有的迷人魔力。就像羅素後來說的，說這個論證不好，要比搞懂這個論證到底哪裡弄錯了要簡單得多。

延伸思考

➡17. 你賭上帝存在嗎？

➡38. 上帝安息吧

➡41. 荒謬卻真確

8 真實的世界

在這個變動不停的世界裡，雖然我們可以看得見影像、聽得到聲音、摸得到物品、聞得到味道、嚐得到滋味，但它並不是真實的世界。這個世界只是一個影子、一個幻象。真實的世界是永恆不變的，我們只能透過理智來察覺到它。這個驚人的說法語出哲學史上的巍然巨人——希臘思想家柏拉圖（Plato, 427-347 BC）。

自從柏拉圖提出所謂的理型論（Theory of Forms）後，這個看法就一直是哲學家們激辯的主題，也總是令人百思不解。杜易南（Brian Duignan）在《古代哲學史：西元前六世紀至西元五世紀》（*The History of Ancient Philosophy from 600 BCE to 500 CE*）中寫道：「柏拉圖因為理型論而流芳百世，也因而遺臭萬年。到底這個理論在說些什麼，這理論又是否可行，至今仍是眾說紛紜。」

很明顯地，這不是個可以輕易解釋或掌握的理論。還好，柏拉圖在他最出名的對話錄《理想國》（*Republic*）裡給了我們一個關於洞穴的譬喻，讓我們能比較容易在這團抽象又複雜的理論中一探究竟。

影子世界

想像一下，有個在地底深處的洞穴。洞穴裡頭有一群被緊緊銬住的囚犯，只能看到眼前的牆壁。他們不知道的是，有些獄卒在他們的後方，一邊拿著燈火，一邊舞著傀儡，讓影子在洞穴的牆壁上搬演各種戲碼。

終其一生，這些囚犯就這樣看著這些影像，聽著他們以為是來自影子的聲音。他們誤以為這些影像就是真實世界，也想不到在影子背後居然還有任何其他可能存在的事物。

再想像一下，這群囚犯其中的一個突然掙脫了鐐銬，轉身面向火光。他一開始會感覺既炫目又困惑，但是他逐漸開始了解到，原來是這火光、那些傀儡，還有操縱傀儡的獄卒，讓他過去以為那牆上的影子就是真實的世界。過了一會兒，他開始逃離洞穴，迎向陽光。同樣地，他一開始也覺得十分刺眼；但是後來他逐漸察覺，到這外頭的世界要比他先前所住的陰影世界更加實在、更加美麗。到了最後，他總算能夠直視太陽，並且體認到太陽就是一切事物的來源，也是維持一切事物的動力。

理型世界

在柏拉圖的寓言裡，囚犯所遭遇的困境就象徵著人類所處的景況。我們其實就像那些囚犯一樣，困在一個幻象世界中；我們所面對的幻象世界就是我們的感覺世界。我們把這個世界當作真實的世界，卻不了解原來在這世界背後還有個更加真實的世界；那是一個感覺所無法企及，只能用理智接觸的世界；那是一個完美不變的世界。那就是理型的世界。

可是到底什麼是「理型」呢？這是個麻煩的問題。我們沒有簡單而且毫無爭議的答案。不過，我們可以從另外一個更確切的例子來開始考慮，大概會有些幫助：我們可以來想想「圓的理型」。

我們在感覺世界中可以發現許多的圓：滿月的外圍、眼睛的虹膜、湖面上的漣漪等等，不勝枚舉。但是這些都不是完美的圓。如果仔細檢視的話，會發現這些事物都有著種種凹凸起伏的不完美，與絕對的圓之間還有一些些小小的偏差。

你可能會試著畫出一個圓來。但不論你再怎麼小心翼翼地畫，你也辦不到。你沒辦法畫出一個完美的圓。然而，確實有個理想的圓存在：一個完美、永恆、不變的圓；一個只能透過理智所掌握的圓。那就是圓的理型。它不存在於時空之中，只存在於理型世界裡。

美、真……和桌子

美也有它的理型。除了這個感覺世界上的種種美的事物之外，還有個美的理型存在。而且，就和圓的理型是個完美的圓一樣，美的理型也同樣是完美的。

或許會令人有點吃驚的是，連桌子也有它的理型。在這個感覺世界裡，充斥著各種形狀大小、不同材質的桌子。可是，這些桌子都不是永久的事物，它們是被造出來的，終究也會消逝。但桌子的理型卻是永恆的。

事實上，幾乎每個事物和性質都有它們各自的理型。圓也好，方也好，三角形、立方體、十二面體，都有它們的理型。桌子、椅子、房子也都各自有著理型。小狗、小貓，連人也有理型。同樣地，美、正義、善、真都有理型。不過，柏拉圖倒是懷疑像泥巴、塵土或毛髮這些毫無價值的事物也會有它們的理型。

為什麼要談理型？

這一切聽起來都很迷人。不過這也馬上引起一個明顯的問題：柏拉圖為什麼要預設這些理型存在？他又有什麼論證來證明？

嗯，柏拉圖其實沒有真的提供直接論證來證明，而是透過直覺的理由來說服我們相信理型的存在。他之所以要預設理型存在，是為了要解決一些哲學問題。我們接著就來看看。

知識的對象

這世界上包含了許多美的事物：嬌豔的花朵、美貌的男女、優美的花瓶、美麗的日落、怡人的音樂等等。這些不同的事物都有個共同的性質，那就是美。這麼多美的事物，卻只包含一個普遍的美的觀念。柏拉圖說，這就是美的理型，也可以說就是「美」本身。

柏拉圖認為，美不只是一個概念而已，它必須真正存在，是個真實的事物。他說，美必須是真的，不然就不可能成為我們思考的對象。如果美不是真實的事物，我們就不能透過理智來掌握它。

依照柏拉圖的說法，個別的美的事物之所以美，是因為事實上它們分享了（或說是相似於）美本身。但這種分享或是相似究竟是什麼意思，他卻始終未曾說清楚。

從反面來論證

我們通常會為經驗世界中不同的事物指賦某些性質。例如，我們會說某位女性很**美**，說這兩塊木板**等長**，說某條法律是**正義的**，如此等等。但是柏拉圖說，我們永遠可以找到某一個觀點，從那觀點來看，會發現這些事物都具有與上述相反的性質。那名美麗的女性與其他女性比起來或許很美，但是與美神阿芙柔黛蒂（Aphrodite）相比就不美了；這兩塊木板或許等長，但是寬度不同；這條法律或許在許多方面是正義的，可是在其他方面卻極為不義。

我們永遠沒辦法說在經驗世界中的任何事物是無條件的美、無條件的相等，或是無條件的合乎正義。不過，我們**確實**掌握了這些性質事實上是指什麼。那我們又怎麼會有這樣的知識呢？柏拉圖說，那是因為認識到了理型。

我們能知道什麼是真正的美、真正的相等和真正的正義，純粹只是因為我們擁有對於理型的內在知識（innate knowledge）。只有透過我們對美本身、相等本身和正義本身的認識，我們才能夠在日常經驗到的事物中辨識出這些性質。

「以一御多」的論證

《理想國》的主角蘇格拉底說：「每一種我們給予相同名稱的事物，雖然包含了許多對象，但它們仍然只有一個理型。」所以，雖然世上有許多的床，但是只有一個床的理型；雖然有許多桌子，但只有一個桌子的理型，如此等等。

是什麼讓我們把「床」這個名稱套用到所有個別的床上頭呢？這所有的床所共享的性質是什麼呢？柏拉圖的答案是，這些床之所以為床，是因為它們與床的理型之間所具有的關係；因為它們都具有共同的「床的性質」

（Bedness）。

床的理型使得某個事物成為床；正義的理型會讓某個事物變得合乎正義；你可以依此類推。同樣地，美的事物之所以美，是因為它們分享了美的理型；善的事物之所以是善，也是因為它們分享了善的理型；如此類推。

以「第三人論證」來反駁

在這裡值得一提的是，雖然理型論在柏拉圖的哲學裡佔據了核心地位，但是柏拉圖卻從未曾對理型論提出一個系統性的講法。相反地，提到理型的各項討論散見於他的著作之中。對柏拉圖來說，理型論似乎還在發展中，是個很棒的想法，只是還沒完成。

事實上，柏拉圖對他自己的這套理論也提出了不少反駁。其中最有名的，或許也是最有力的，通常稱為**第三人論證**（*third man argument*）。這個論證的出發點就是柏拉圖所說的，以理型為事物的範本：也就是，美的理型是美的，正義的理型也是正義的，如此類推。

按照他這麼說，那麼不只每個男人都是一個人，而且連男人的理型也都會是一個人了。但是我們前面才說過，「每一種我們給予相同名稱的事物，雖然包含了許多對象，但它們仍然只有一個理型」。而既然我們把「人」這個名稱給了個別的男人以及人的理型，那麼一定還有一個理型（我們就稱呼它「理型人二號」好了）是個別的男人與人的理型所共同分享的。事情還沒完。理型人二號也同樣會是個人，因此他和其他人一樣會分享另一個共同的理型：「理型人三號」。如此類推，**可以推至於無窮遠處**。

然而，究竟柏拉圖是否認為這第三人論證會對他的理型論造成致命的打擊，還是認為他只要修改他的理論就可以避開這項攻擊，這個問題至今仍然爭論不休。

延伸思考

➡15. 萬物都在心靈裡
➡16. 我總算想起來了
➡36. 第三種世界

9 橘子不是橘色的

還記得小時候的某個夏天，我坐在學校操場旁，突然靈光一閃，轉頭對我的朋友說：「喂，我要怎麼知道**我**看到的顏色跟**你**看到的顏色是一樣的？」我跟他說，雖然我們都說草是綠色的，天空是藍色的，但這並不表示我們都是用同樣的方式看到這些顏色呀！說不定，我看到的綠色跟藍色就跟他看到的不一樣呀！

對當時的我來說，這樣的想法實在太奇怪了。但我在那之後倒是學到了更奇怪的事，也就是事實上我們有很好的理由相信根本就沒有顏色可言。至少，顏色不是像我們平常以為的那樣存在著。伽利略（Galileo）和笛卡兒的信徒對這些理由大都知之甚詳，但是將這些理由講得最清楚的，還是要數英國哲學家洛克（John Locke, 1632-1704）了。

知覺

洛克相信在他當時所流行的物質微粒論（corpuscularian theory of matter），認為所有的物體都是由細小的微粒子所組成。根據物質微粒論，任何物體要影響其他物體，都是透過這些粒子之間的機械互動來進行。

對洛克來說，知覺作用也必定依照同樣的方式來進行。知覺必定包括一個因果序列，這序列是從被知覺到的物體裡的粒子運動開始，然後撞擊感覺器官的粒子，最後則在大腦中的粒子運動中結束。總之，這使我們產生視、聽、觸、嗅、嚐等意識經驗。

因此，外界的物體會刺激我們的感官，引發我們心中的觀念（idea）。這些觀念在我們的意識中就代表了那些物體。所以，我們並不是直接知覺到外界的物體，而是間接地透過我們的觀念來知覺它們。例如，當我看到一顆橘子的時候，我看到的其實並不是橘子本身，而是橘子在心靈中的表徵——也就是一種內在於我們心靈的象徵或模型。

初性與次性

按照洛克的說法，物體擁有在我們心中產生不同觀念的力量（他稱之為性質）。例如一顆橘子擁有的性質包括了是圓的、堅實的、橘色的、甜的等等。但是，洛克為性質做出了兩種重要的區分：初性（primary quality）與次性（secondary quality）。

初性包括了物體的形狀、大小、動靜。這些性質在我們心中會產生相似於物體本身的實質特徵。換句話說，並不是只有我們認為物體有著形狀、大小和動靜，而是物體**確實擁有**形狀、大小和動靜。洛克寫道：「因此這些性質也可以稱為實在性質，因為它們的確存在於物體之中。」

物體的**次性**則包含了顏色、滋味與味道。次性與初性的差異在於，次性是作用在我們的感官上，使我們產生與物體本身的任何實質特徵都不相似的觀念。舉例來說，當我看到一顆雪球時，在我心中出現的「白色」觀念，並不存在於那顆雪球本身。

物體有沒有次性？

這聽起來實在有點令人困惑。洛克怎麼能一方面說一顆橘子擁有甜的、橘色的這些次性，一方面又說橘子本身既不是甜的，也不是橘色的？

洛克的答案是，次性對物體本身來說，比較不像是物體本身的特徵，而比較多是物體和知覺者互動的特徵。我們會看到、嚐到，或聞到某個物體，最終都是由於構成物體的粒子透過它們本身的初性作用在我們感官上的結果。是這些微小粒子的大小、形狀和動靜快慢，才使得橘子看起來是橘色的，而不是因為這些粒子本身就是橘色的。

洛克寫道：「『次性』……事實上不是物體本身的一部分，而是物體能藉由其初性而使得我們產生不同感覺的力量。」所以，嚴格說來，我們不應該說橘子**是**橘色的，而應該說橘子**呈現出了**橘色。

洛克接著又說，如果沒有眼睛可以看，沒有耳朵可以聽，沒有鼻子可以聞，沒有舌頭可以嚐，那麼，我們一般所認為的一切色彩、聲音、氣味、滋味全都會消失不見，只會剩下造成這些經驗的原因。

科學補充

當然，現代科學已經超越洛克當時的進展了。洛克當時會說，出現在心裡頭的橘色觀念是橘子的微粒子與我們的眼睛互動的結果；而如今我們則會說橘子表面的原子是如何受到光線影響，以及光線會如何對我們的眼睛造成影響。然而，時至今日，現代的科學解釋仍舊是訴諸事物的初性而非次性。

延伸思考

⬇ 15. 萬物都在心靈裡
⬇ 28. 桶中的大腦

10 —天命報應

如果你覺得生活很苦，不要抱怨，那是你應得的。根據印度哲學中的**因果業力**法則（law of *karma*），是你過去的行動造成了你現在的處境。所以，如果你現在正在受苦受難，那一定是你過去做了什麼壞事的報應。

其他人的苦難也一樣是他們活該。在饑荒肆虐的國家中被拋棄的嬰兒，只是接受他該有的命運；在德里的垃圾堆撿食苟活的老婦也同樣沒有理由怨天尤人。這一切都是完全正義而公平的安排。一切都是業力果報。

天命報應

一切禍福都是由人自招的「業力」，是種令人詫異的觀念。而這經常是由於業力此一說法看起來跟日常事實完全相悖所致。因為沒有任何講理的人會否認，壞人有時也會享福報，而好人卻往往受災殃。

不過，這個困難可以透過接受印度哲學的另一條根本原則來解決：**輪迴**

（*samsara*）。在集結了古印度宗教啟示與哲學義理的《奧義書》（*Upanishads*）中說過，人死後會投胎重新出生，這就是輪迴。業力與輪迴兩者結合起來，就確保了每個人最後都會得到他所該得的報應。

累積善業，可以讓人投胎到富貴人家，身體健全；惡業滿盈，則會讓人投胎到貧賤人家，疾病纏身，甚至是轉生為其他動物。

哲學證成

傑出的印度哲學家兼前印度總統拉達克里希南（Radhakrishnan, 1888-1975）認為，業力與輪迴這兩條原則就是有序宇宙的核心特徵。他說，「在一個有序的宇宙之中突然肇生有意識的生命是毫無意義的……這違反了自然的規律，居然會有結果卻無原因，有現在卻沒有過去。」

他這裡所採取的觀念就是，我們現在之所以存在於這個身體之中，而且擁有這些特殊的秉性，這整件事完全印證了業力的存在和輪迴重生的法則。不然我們還能怎麼解釋我們的存在呢？不然又要如何解釋我們之間的種種差異呢？如果這一切不是因為業力和輪迴所致，那麼就全都只是隨機事件，毫無意義；

我們也就根本沒有理由**存在**，沒有理由成為我們如今這副模樣。

拉達克里希南說，業力不應該用賞罰的觀念來解釋，而要以因果的方式來理解，也就是說，所有的行動都會有其相應的後果。如果不接受業力和輪迴之說，就是認為這整個宇宙不公不義；但是如果接受這樣的說法，就表示我們了解到對於我們自己行動以外所遭受的種種世間苦難，實在沒什麼好抱怨的。

解脫

根據印度哲學的說法，人類生活的終極目標就是**解脫**（*moksha*）。解脫一詞的字面意義即「解放」、「脫離」。但是，獲得解脫的人到底是從什麼之中解放出來呢？嗯，我們可以說他們是從日常的欲望和依附之中解放出來。得解脫者掌握到了絕對實在的真實本性，能泯除物我之間的區分，消融知與被知的分別，能夠毫無罣礙地看待這個世界，從日常存在的擔憂中脫離出來。

解脫也表示脫離了輪迴，不再進入生死循環。這是怎麼辦到的呢？嗯，輪迴是由業力所推動。善行會造成善業，最終則導致善果；惡行則造成惡業，而且終究會得到惡報。所以在一生之中所累積的業力，必定會延續到來生。

但是依照印度教經典《薄伽梵歌》（*Bhagavad Gita*）所說，無欲的行動（不由貪瞋癡所推動的行動）不會產生業力。所以得解脫者不積業力，能從輪迴中脫離。

業力的黑暗面

業力這個概念源自於古印度的宗教與哲學，但是近來這概念已經廣泛流行，成為普遍的信仰了。世上的人都受到普世公義能夠遍行的想法所吸引，也著迷於人人終究會得到該得的報應這個念頭。而且，儘管當下的生活可能一時不順，但將來總還有一線機會的這個想法，也很撫慰人心。

不過，儘管許多人認為業力是個能令人安心的公義原則，但是批評這概念的人卻指出，業力也有黑暗的一面。人人都得到該得的報應，在抽象層次上是個非常好的觀念，可是一旦套用在個別情境中，看起來就顯得極為殘酷不仁了。有多少在業力觀念中得到慰藉的人，會願意說生病的人真的是他們活該？又有多少人會說飢餓的孩童也是真的活該挨餓？

除此之外，相信業力也可能會讓人接受社會的不公不義。在傳統印度社會中，人們通常會接受種姓制度下的出身與角色，認為那是前世累積的業力所致。他們也往往會依照所屬階級的行為規則行事，以避免為來世多造惡業。

生於高級種姓的人可能會自認他們應得他們的特權，而生於低階種姓的人就可能覺得自己活該處在較低的地位，而做那些低賤的工作來服侍較高種姓的人，則是他們悲苦宿命中必須承擔的責任。

延伸思考

⬇23. 苦難的終結
⬇26. 一個巴掌打得響

11 一切都在數字裡

世界是由什麼構成的?依照科學知識水準不同,現代的讀者可能會說,構成世界的原料是原子,抑或是質子、中子和電子,甚至可能會說是夸克、光子與微中子等等。

許多早期的哲學家也會自問同樣的問題。米利都的泰利斯(Thales of Miletus, 624-546 BC)仔細地想過了這個問題,然後認為一切都是水;安納西曼尼斯(Anaximenes, 585-525 BC)說最根本的物質是氣;德謨克利圖斯(Democritus, 460-370 BC)說萬物都是由不可分割,也不會消滅的原子所組成。但是在這些說法中,聽起來最奇怪的莫過於畢達哥拉斯(Pythagoras, c. 550-c. 500 BC)所說的「萬物都是數字」了。

這個說法實在很奇怪。畢竟,數字並沒有實體,它們在物理上並不存在呀!那這個世界怎麼會**是**數字呢?數字又要怎麼**構成**任何東西呢?

這些問題不好回答。一來畢達哥拉斯沒有殘存的作品流傳,二來他的弟子也都發過誓，要對老師的想法與信念嚴加保密。所以我們對畢達哥拉斯的教義也只有透過亞里斯多德（Aristotle）等後來的學者所編寫的二手資料，才能夠略窺一二了。

數字與形狀

畢達哥拉斯師徒對於算術與幾何都非常感興趣，而他們將算術與幾何聯結起來的方式，在我們如今看來實在是有點古怪。他們用空間的概念來理解數字。例如數字1、4、9、16等，之所以稱為**平方數**（*square* number），是因為用小石子或者用黑點來標示正方形的話，可以表示出這些數字。同理，數字2、6、12、20、30等，叫做**長方數**（*oblong* number）；而1、3、6、10、15等則稱為**三角數**（*triangular* number）；如此類推。除此之外，他們還把數字1當作一個點，數字2看成一條線，數字3看成一個面，數字4當作一個立體（因為用四顆小石子就能疊成一個金字塔了）。

如果我們把自然中的事物用空間語彙來表示，用點、線、面來定義，那我們或許就可以大致了解「萬物都是數字」這句話是什麼意思了。

自然中的數

畢達哥拉斯最重要的創舉，就是將音樂與數學結合起來。傳說中，畢達哥拉斯在試著演奏獨弦琴（monochord）的時候，發現到如果他撥弄琴弦彈出一個音，那麼當他把琴弦的長度縮減到一半時，彈出來的音就會比原本的音高了八度。

進一步探究就會發現，當琴弦的長度比例是二比一時，音高相差八度；弦長比例是三比二時，音高剛好相差五度；弦長比例為四比三時，音高則差四度；如此類推。這結果表示，所有和弦音彼此之間的關係，恰巧就是這麼簡潔的數學關係。

數學與和弦之間竟然有這樣的連結，這個啟示實在太驚人了。這個發現讓畢達哥拉斯學派為之瘋狂，開始揣想或許在**萬物**的天性之中也可以找到這樣的數學比例。或許一切的自然現象，還有真、善、美等性質，也全都是根據數學所構成。

對自然世界的探索而言，這項洞見的確成果斐然。用數學來表達各種物理現象之間的關係，正是科學的核心觀念。但是畢達哥拉斯學派想要為真、善、正義等性質找出數學基礎的念頭，卻經不起時間的考驗。他們對這些性質的想法，今日看來，實在是既任意又虛妄。

舉例來說，他們認為奇數是男性，偶數是女性（但數字1則同時既是男性也是女性）。依照這說法，由於數字5是第一個男性數（3）與第一個女性數（2）的結合，所以數字5就表示「婚姻」。但是數字4被認為代表正義，數字6代表創造，數字10表示宇宙等其他情況，卻沒什麼道理可說。

萬物都是數字

總之，畢達哥拉斯學派看待萬物都是數字：物體的形狀與屬性是數字，像美和正義這樣的性質也是數字，甚至連婚姻和創造這些概念也都是數字。所以，也就難怪他們會認為數字是最根本的事物，是萬物的根基了。因此，我們也就有了一個可靠的詮釋——或者至少是一條能提供可靠詮釋的線索——告訴我們為什麼「萬物都是數字」了。

愛搞怪的畢達哥拉斯學派

「萬物都是數字」並不是畢達哥拉斯唯一一個奇怪的觀念。跟他真正奇怪的想法比起來還差得遠了。說真的，在所有哲學家裡頭，畢達哥拉斯或許是最典型的天才怪人了吧！

畢達哥拉斯除了身兼哲學家、數學家與科學家之外，也創立了一門宗教，設立了教團。他是個紀律嚴明的老師，給學生下了許許多多的規矩禁令。例如，弟子不能夠撿起掉在地上的東西，也不能睡午覺，小便時不能面對太陽，不可以跨越長杆，也不能夠在雪地上寫字等等。而他最有名的禁令，是不准教團弟子吃豆子。

在另一個故事裡，畢達哥拉斯對於逃避豆子的偏執，到後來竟令他死於非命。當時畢達哥拉斯正在逃避敵人的追捕，但是他偏偏被趕到豆苗田邊，無處逃生。最後，敵人輕輕鬆鬆就抓到了畢達哥拉斯，一刀割斷了他的喉嚨。

12 當丹・布朗對上莎士比亞

要是有人問我最喜歡的電影是哪一部，我一定毫不猶豫地回答：《小子難纏》第一集（*The Karate Kid*, Part I）。而我老婆通常在這時候會說我裝模作樣；她覺得我心裡明明比較喜歡《辛德勒的名單》（*Schindler's List*）、《甘地》（*Gandhi*），或是《大國民》（*Citizen Kane*）之類的片子。

為什麼她會覺得我比較喜歡《大國民》呢？我不太確定。不過大概是因為《大國民》要比《小子難纏》**更好**，就像普契尼（Puccini）會比小野貓合唱團（Pussycat Dolls）更好，或是莎士比亞（Shakespeare）比丹・布朗（Dan Brown）更好一樣吧？我想，或許老婆覺得我的品味會更高一點吧？

不過話說回來，普契尼**真的**比小野貓合唱團更好嗎？莎士比亞**真的**比丹・布朗更高明嗎？比較喜歡《小子難纏》而不是《大國民》的人，品味就**真的**比較差嗎？照英國哲學家邊沁（Jeremy Bentham）的說法，並非如此。對他來說，品味有高低完全是胡扯！

幸福計算家邊沁

西元一七四八年，邊沁出生在一個小康家庭裡。他幼年極為羞怯彆扭，但也從小就展露出過人的才智，打四歲起就開始學習拉丁文，十二歲就進入牛津大學就讀。

畢業之後，邊沁開始研讀法律。他雖然通過了律師資格考試，卻從未執業；他反而將大量的精力與才能投注在法律改革的思考與寫作上。一七八九年，他總算出版了畢生最重要的作品：《道德與立法原理導論》（*An Introduction to the Principles of Morals and Legislation*）。

邊沁是個**享樂主義者**。他認為幸福就是快樂（pleasure），而且深信幸福生活不是別的，就是快樂多過痛苦的生活。他根據享樂主義的原則，提出了一套稱為效益主義（Utilitarianism）的倫理學說，主張只有能將快樂極大化或是痛苦極小化的事物才能被稱為「善」。

邊沁的效益主義最重要的特徵就是「最大幸福原則」。依照這個原則，無論在任何情況下，道德上正確的行為就是能夠為最大多數人帶來最大幸福的行為。而這個原則就是邊沁對於法律與社會改革的種種想法最根本的基礎。

當然，要計算一個人的行為對於整個社會整體幸福會造成什麼結果是很困難的事。邊沁體認到這一點，因此，他提出了一套**幸福計算法**（*felicific calculus*）：也就是一套計算行為可能帶來多少快樂與痛苦的方法。不過，幸福計算法對個人來說實在太複雜，也太曠日廢時了。邊沁的用意，是要讓政治領袖運用這套方法，制定最能促進民眾福祉的法律。

那這又怎麼跟品味高低扯上關係呢？

圖釘與詩歌

邊沁在《獎賞的理路》（*The Rationale of Reward*）一書中，對於那些譴責大眾娛樂的人絲毫不假辭色。他說他們把純真的享受冠上了「品味低劣這種虛幻的觀念」，還自以為是在「造福人類」，但其實根本就只是「他人樂事的破壞者」。

照邊沁的說法，在計算幸福時，列入計算的快樂根本沒有品質高低這回事，只有強烈的快樂要比溫和的快樂算作更多，長久的快樂要比短暫的快樂更多，如此等等。但是這一切都是程度問題，不是品質問題。沒有任何快樂在本質上勝過另一種快樂。

依據這個主張，判斷小說、戲劇、音樂或任何消遣有何價值的唯一判準，就是這種消遣能產生多大量的快樂而已。邊沁寫道：「一切藝術與科學的效益——我的意思就是指娛樂與求知的效益——它們所具有的價值，完全只在於它們能夠帶來多少快樂。」他最著名的說法是，彈圖釘（當時小孩玩的一種遊戲）跟音樂與詩歌一樣有其價值。

丹．布朗還是莎士比亞？

所以，到底丹．布朗還是莎士比亞比較好——誰能帶來比較多的快樂？嗯，如果只從個人層面來看，這是品味問題沒錯。喜歡輕鬆閱讀、節奏明快、劇情峰迴路轉的人，會喜歡《達文西密碼》（*The Da Vinci Code*）；而喜歡詩歌韻律和心靈啟迪的人，就會為《哈姆雷特》（*Hamlet*）著迷不已。

但是哪一個才能對**整體**帶來最大快樂呢？無庸置疑，絕對是丹．布朗。為什麼？因為幾乎每個讀過丹．布朗作品的人都是為了享受愉悅而讀，算一算這數量，大約有幾百萬本書這麼多吧。然而相對之下，浸淫與徜徉在莎士比亞作品中的人數，大概與在那些作品裡苦苦掙扎的人數不相上下；這位舉世聞名的大詩人帶來的痛苦和快樂其實不分軒輊。所以，依照邊沁的說法，丹．布朗要比莎士比亞好得多了。

彌爾說：才怪！

對於邊沁這套快樂無高低的說法最嚴厲的批評，要算是來自他的前高足彌爾（John Stuart Mill, 1806-1873）吧！

彌爾的父親是邊沁的好友與信徒，打從彌爾還小就訓練他將來要接續效益主義領袖的衣缽。彌爾不負所望，果然成了邊沁學說最強悍的代言人。但是在二十歲那年，彌爾歷經了一場「精神危機」，他在學習中再也得不到任何樂趣，朋友的陪伴對他來說也只是件冷淡而無聊的瑣事，甚至連過去想要成為偉大社會改革家的夢想，如今也不再吸引他了。

這段沮喪期維持了大約六個月之久。邊沁的教誨在這段期間並沒有給彌爾帶來多少安慰。事實上，反而是詩——說得更精確些，是華茲華斯（William

Wordsworth）的詩——才真正給了他「心靈的靈藥」。

這段經驗徹底改變了彌爾的看法。他開始相信，有些快樂**確實**比其他快樂更有價值。玩再多次彈圖釘的遊戲也沒辦法像華茲華斯的詩一樣驅散他的憂鬱。邊沁一定是搞錯了；快樂除了量之外，真的還有別的標準；快樂的品質也很重要！

因此，彌爾將快樂區分為「高級快樂」和「低級快樂」。低級快樂就是動物與人類都能夠享受的那些快樂，像是飲食、性愛等等；而高級快樂則完全倚賴人類特有的能力才能享受，例如友誼、榮譽、藝術、音樂、詩歌等等。在彌爾看來，只追求低級快樂的生活，就是過著豬的生活。如果你剛好是一頭豬，這就會是幸福生活；可是如果你要是人，那這種生活可就離幸福生活太遙遠了。

當然，彌爾肯定會認為莎士比亞要比丹・布朗好得太多了。

延伸思考

⬇ 1. 不是真的「壞」
⬇ 21. 噢！我感覺棒呆了！

13 地獄裡的小寶貝

聖奧斯定（St. Augustine of Hippo，一譯奧古斯丁，354-430 AD）是天主教會史上極有名的人物之一。他的成就斐然，不只身兼主教、神學家和雄辯家，寫出了史上最著名的自傳，更是影響力無遠弗屆的思想家。

在哲學方面，他對我們關於時間、自由意志、語言所扮演的角色及限制、自我概念，以及其他許許多多議題的理解，不可不謂貢獻卓越。不過他居然也說，嬰兒天生就有罪，我們該把嬰兒送到地獄裡去。

聖人的性生活

聖奧斯定和許多人一樣，也曾沉迷於性愛之中。他年輕時可說是縱慾無度。他娶過兩名小妾（不是同時），第一個小妾還為他生了個兒子。就在這時，他說出了那句舉世聞名的祈禱詞：「請賜給我貞潔與自制，但不是現在。」

然而，在西元三八六年改信基督宗教之後，聖奧斯定就改採禁欲生活。自那時起，他對於性的興趣只剩下智性的探究。他探討了關於性的神學、哲學與心理學，最後結論出性是件汙穢的事。性慾在他看來是種危險的激情，會敗壞人的自制力，凌駕理性思考，最終則會導致錯誤的行為。

這段關於聖奧斯定的性生活的討論看似無關緊要，可是要理解他說嬰兒該下地獄的這個宣稱，就不能不先了解他對性到底採取什麼樣的態度。同樣地，我們也要掌握原罪的概念。這種神學教義並不是聖奧斯定首創，但是聖奧斯定對這個學說的想法卻主宰了西方教會的教誨好幾個世紀。

原罪

原罪這項教義基本上是說人類生來就有罪。意即，我們是從玷有罪汙的子宮中出生，才會過著遠離上帝的生活，飽受邪惡慾念的侵擾。

人類的始祖亞當與夏娃受造時並不帶有原罪。但是由於他們吃了禁果，因此罪也就進到了他們的體內，使他們墮落。更糟糕的是，他們的罪會禍延子孫，而且永永遠遠**代代相傳**。結果，我們生來就是帶著原罪的孽種。

當然，時至今日，許多基督宗教的神學家與基督徒都將這則關於墮落的故事看成寓言，故事裡的人物與事件只是用以表示某些靈性與道德的真理。但是在聖奧斯定那時代，人們可將這則故事完全當真；亞當在那個時代還被認為在歷史上確有其人。

原罪是種性病

原罪如何代代相傳呢？嗯，大家各自有不同的解釋，不過聖奧斯定對這件事的看法倒是非常清楚。他說，原罪的傳遞方式就是透過性交。

聖奧斯定主張，所有的性行為都包含著「私欲偏情」（*concupiscence*）：神學家用這個詞來指稱不道德的色慾。即使是婚姻中的性行為，也都會受到私欲偏情所玷染，而性行為之中所包含的這種不道德成分，就是父親將原罪傳給孩子的管道。

聖奧斯定在《論婚姻之價值》（*De Bono Coniugali*）中寫道：「在實際的生殖過程中，我們那正直高尚的恩典卻無法不受對色慾的熱愛所影響……而由這份私欲偏情成形，藉由自然生產出生的，也就注定帶了原罪。」

與生俱來的愧疚

帶有原罪最嚴重的後果，就是使我們不能上天堂，應該下地獄。而我們能夠避免這項詛咒的唯一途徑，就是相信基督的救贖，並接受洗禮。結果，這就讓未經洗禮的嬰兒處在一個毫不足羨的狀態，因為他們未能滿足救贖的條件，只配在地獄中受苦受難。

這看起來實在很不公平。如果上帝真的讓沒犯下什麼真正罪過的小嬰兒下地獄，那實在太不公不義了。但是聖奧斯定說，不會的，我們要知道，原罪有兩個層面。我們在懷胎受孕時，不只繼承了亞當的墮落所帶來的靈性缺陷，也帶著因他的罪而有的愧疚。聖奧斯定寫道：「我們所有人都因最初的男人而犯了罪，因為在他犯罪時，我們所有人都在他體內；……也就是說，我們所有人都因亞當而一塊（*en masse*）有了罪。」

所以，即使是新生的小嬰兒也帶著犯罪的愧疚而出世。未經洗禮的嬰兒因此未能藉由水來滌淨靈魂，因而必須受罰。所以說，上帝有理由將他們打入地獄裡。

哲學家兼神學家的聖奧斯定

當然嘍，說未經洗禮的嬰兒要下地獄這說法實在是駭人聽聞。與聖奧斯定同時期的埃克拉儂主教朱利安（Bishop Julian of Eclanum）就拒絕接受關於原罪的教義，說這種觀念實在太可怕。上帝怎麼會只因為亞當吃了顆蘋果就將所有的嬰兒都打入地獄？

聖奧斯定深明這一點，因此也願意承認嬰兒在地獄裡所受到的折磨只是極輕微的而已。但如此一來，我們就不免要懷疑為什麼他要如此堅持這項教義？這問題的答案，是因為他的神學預設迫使他不得不這麼做。

聖奧斯定認為哲學是基督宗教的夥伴；可以藉著哲學來理解教會的教義，而不是用以反對基督教會。而教會教義之中有一條就是嬰兒必須接受洗禮，才能「消除罪愆」。可是嬰兒都還沒犯下什麼罪，那他們接受洗禮是要消除**什麼罪愆**呢？聖奧斯定推論道，那一定是因為嬰兒不知怎地從亞當那邊得到了原罪，否則，嬰兒洗禮這項教義根本沒有道理。

聖奧斯定的哲學一直緊緊受制於他的宗教信念，也受限於要與聖經一致的必需性。這使得他的想法對於不接受他神學預設的人而言顯得無關緊要，甚至荒謬絕倫。但儘管如此，他在純粹哲學思考方面，仍是能夠提出一些深刻內容的傑出思想家。

一線希望

聖奧斯定對於未受洗禮的嬰兒有何命運的看法，在天主教會中一直被奉為主流，直到十三世紀為止。十三世紀時，法國哲學家兼神學家阿貝拉（Peter Abelard）強烈地質疑這項教義。他說，未受洗禮的嬰兒既沒有犯罪，也就不該受罰，因此這些嬰兒不該下地獄，而應該進到靈薄獄（Limbo）去：在那裡的靈魂不用受地獄的煎熬，但也享受不了天堂的喜樂。後來，教宗諾森三世（Pope Innocent III）也接受了這個看法。

西元二〇〇七年，這些未受洗禮的嬰兒的命運又更上一層。教宗本篤十六世（Pope Benedict XVI）批准了國際神學委員會（International Theological Commission）的報告，認為我們有「理由可以希望未受洗禮就夭折的嬰兒能夠得到拯救，並被帶往永恆的幸福之中。」

延伸思考

➡ 38. 上帝安息吧

➡ 39. 終極的惡

14 不斷重來……

永劫回歸，或稱永恆回歸，是指一種認為歷史會不斷鉅細靡遺地重複自身的理論。所有現在發生的事，過去早就發生過無數次了，而未來也會繼續不斷發生。

你早就讀過這一章不知道多少遍了。而每讀一次，你心裡也都會興起同樣的念頭，而外頭也會沁進同樣的聲音；過去的**每個人**、**每件事**，全都和現在一樣，也會永遠如此下去……

可疑的科學？

傳說這種永劫回歸的觀點源自於西元前六世紀的希臘哲學家畢達哥拉斯，後來的斯多噶學派（the Stoics）也繼承了這種教誨，但若要說對這種想法提出最精采論述的，絕對非十九世紀的德國哲學家尼采（Friedrich Nietzsche）莫屬。不過，到底有什麼理由可以支持這麼怪誕的理論呢？

嗯，要證成這理論的論證大概是這樣：宇宙是在有限大的空間中充塞了有限多的事物，而這就表示事物之間只有有限多種的可能組合；然而另一方面，時間卻是無限的，因此，同樣的事物組合終究會重新出現——而且將會出現無限多次。

這種科學觀點或許有點虛，或者至少是有點爭議的。現今的天文學家完全無法斷定宇宙**的確是**有限的。況且，現代物理學中的基本粒子也缺乏永劫回歸所需要的穩定性與恆存性。不過，這些都不要緊。對尼采來說，他大概不是把永劫回歸當成什麼宇宙學的理論；而我們現在要談的，是尼采怎麼想，所以我們也不用太苦惱那方面的問題了。

心理測試

好吧，那麼尼采**實際上**到麼看待永劫回歸呢？這不是個容易回答的問題。尼采的想法是出了名的難以掌握，這個主題也不例外。不過，大部分人大概都認為尼采把永劫回歸當作一種心理測試，藉此來評估一個人的心靈力量有多強，以及對生命懷抱著什麼樣的態度。

這個說法還滿可靠的。在我的經驗裡，尼采的力量主要在於對我們發起許多挑戰和刺激，使我們不甘於自滿。所以我們不妨暫且擱置可能的科學質疑，試著以這種方式來考慮永劫回歸這個學說吧！如果這個說法**是真的**，那麼它在純粹的個人層次上來說，究竟會有什麼樣的蘊涵呢？

尼采在一八八二年出版的《歡愉的智慧》（*The Gay Science*）中，提出了一個思想實驗。他要我們想像在某一天，或是某個晚上，「在我們最寂寞孤獨的時候」，有個惡魔來到我們面前，說：

「你從過去到現在的人生，將來還會一直不斷重複；在這樣的重複中，不會有任何新鮮的事物發生，但是你生命中的每一份痛苦、每一份喜悅、每一個想法、每一聲嘆息，還有其他數不盡的大小事都將完全按照同樣的順序捲土重來。」

然後呢？重複我們生活中的一點一滴——重複每個抑鬱、遺憾的時刻，每個備感屈辱的潰敗、每個毫無結果的作為——這樣的想法會讓我們絕望嗎？還是說，我們對於自己的生活與成就洋洋自得，因而會興高采烈地迎接這種未來呢？

被擊潰或被轉變

尼采認為我們大多數人都會陷入絕望，都會對這惡魔的話語「直打哆嗦」。光是一想到我們要永遠重複生命中的所有困苦與悲慼，而且一直過著這種呆板、毫無意義的生活，我們就會覺得受不了。只有受到揀選的少數人，只有我們之中最偉大尊貴的人，才能夠為此感到欣喜，而且（用尼采的話）說出：「你才是神哪！我從來沒聽過更神妙的事了！」為什麼呢？因為只有較高等的人——只有能夠堅定地過活，絕不自怨自艾，總是依照最高理想行事的人——才能夠擁抱接納生命的全貌。

尼采在一八八八年出版的《瞧！這個人》（*Ecce Homo*）中寫道：「我說一個人的偉大就在於**愛其命運**（*amor fati*）：一個人不想要與眾不同，既不突出，也不落後，也不想永垂不朽。他不只接受命運的必然，也不試圖遮掩……而是去**愛**那份命運。」（「愛其命運」是拉丁文，尼采用以指稱願意接納並肯定生活全貌，包括其中所有苦難與失落的一種心靈態度。）

永劫回歸這個學說逼使我們對生命採取一個長遠而嚴格的觀點，要我們考慮自己是否願意一再地過同樣的人生。如果我們完全投入這個挑戰之中，按照尼采的說法，我們要不被擊潰，就是被轉變。

操之在你

對某些人而言，尼采的這項挑戰確實轉變了他們的人生。例如，索羅門（Robert C. Solomon）在《與尼采一起生活》（*Living With Nietzsche*）中，細數他在年輕時如何受這項挑戰所啟發，仔細地檢視自己的生命與自己在世界上扮演的角色。結果，他離開了醫學院，獻身哲學。

至於對我來說，尼采的挑戰倒是毫無作用。如果過去或未來的生活跟現在的生活之間不能透過記憶來連結，實在沒辦法讓我興起任何的情緒反應。就我本身而言，凡是我記不得的，就不是我的人生。

但是別管索羅門或是我了。跟尼采說的一樣，真正重要的是你要怎麼把他的想法套用到你的生活裡。所以，試試看吧！「存在的永恆沙漏不停翻轉，而你就是那裡頭的一粒沙！」你是難過、興奮，還是無動於衷呢？

延伸思考

➡ 38. 上帝安息吧
➡ 43. 未經反省的生命

15 萬物都在心靈裡

愛爾蘭哲學家巴克萊（George Berkeley, 1685-1753）最廣為人知的驚人事蹟，就是他居然主張物質不存在，而且除了心靈與觀念之外，別無一物存在！

對大多數人來說，無論我們有沒有觀察到世上的其他有形事物，這些東西都一樣會存在，這是再明顯不過的事了。但是根據巴克萊的說法，是我們搞錯了。他說，所謂的有形事物，只不過是觀念的集合，而且不可能獨立於心靈而存在。

就拿一顆在海灘上的小石子來說好了。我們會怎麼說這顆石頭呢？這顆石頭是灰色的、圓的、堅硬但表面光滑，拿在手裡有些重量，聞起來有些海水的味道，甚至嚐起來有點鹹。但是這一切描述都只是在說我們自己的知覺印象，說我們自己的**觀念**。

我們會認為有這些觀念的原因，是因為外在的有形事物透過它們的物理性質，刺激到我們的感官，因而發送訊號到我們的腦部，如此等等。但是巴克萊不同意這種想法。按照他的說法，那顆小石子**事實上就只是**灰色、堅硬、鹹等等觀念而已，其他什麼都不是。

巴克萊的這種哲學觀，還有其他主張世界最終是由心靈所構成的哲學觀，通常稱為**觀念論**（*idealism*，亦作**唯心論**）。而相對於此，主張只有物質存在的學說，通常稱為**唯物論**（*materialism*）。

觀念的來源

如果我們心中表示外在世界的觀念不是來自於外在的有形事物，那這些觀念又是**由**什麼所引發的呢？巴克萊的答案是「上帝」。我們對於外在世界與事物的五感經驗，全都是由上帝直接放到我們的心中。

在我盯著那顆小石子看的時候，上帝就把某種顏色與形狀直接植入了我的心裡；而當我踢開那顆石子的時候，上帝也在我的心中放入某種觸覺觀念，而且會隨著石頭在海灘上滾開的模樣來改變我的視覺印象。如果你盯著那顆小石子看，上帝也同樣會在你的心裡植入那些觀念，而且那些關於小石子的觀念也會與你所採取的觀點一致。

但對於實在界採取這種主張，其理論結果就是世上沒有不被知覺的事物。如果那顆小石子沒有人去看、摸、嗅、嚐、聽，或是透過其他知覺方式接觸，那就根本沒有那顆石頭了。那顆石頭根本就不存在！這難道是說，世上的事物都是不斷地乍然生滅嗎？巴克萊說，絕非如此，因為自然界裡的所有事物，都一直恆處在上帝的心靈之中。就算沒有其他人知覺到這些事物，上帝也會知覺到它們。

頭兒、肩膀、膝、腳趾

不僅如此，就連我們自己的身體也都是觀念的集合。我們有手有腳，有眼睛有耳朵，有大腦、有神經系統等等一大堆器官組織；但是所謂「有耳朵」指的是我在照鏡子的時候，上帝就在我的心裡植入一個耳朵形狀的視覺印象，而如果我把耳朵摀住，上帝就會使我的聽覺印象變得朦朧，以此類推。這個想法實在太詭異了。這不只是說我們看到、聽到、感覺到的對象都是觀念的集合，甚至連我們用以觀看、收聽、觸碰的感官，竟然也都是觀念的集合！

沒有實存的事物？

所以，真正實存的就只有心靈與觀念，沒有別的了。這表示沒有事物是實在的嗎？岩石、星辰、雲霧、樹木這些全都只是幻覺嗎？並非如此。無論是從視、聽、觸、嗅、嚐等各方面來看，巴克萊的世界都跟唯物論者的世界一模一樣；在巴克萊的世界裡，物體運動的方式就和在唯物論者的世界中一樣地穩定、規律。唯一不同的，就只是在巴克萊的世界中，沒有**物質**（*matter*）存在——而依據巴克萊的說法，物質本來就是個多餘的概念罷了。

觀念論與唯物論

巴克萊的觀念論聽起來可能很瘋狂，但並不代表這理論就是錯的。讓我們用另一種方式來思考一下。對於實在界，有兩種彼此競爭的理論：唯物論者的世界就只有物質；而巴克萊的世界裡，所有的事物都是觀念的集合。這兩個世界在各種感覺方面都是一樣的，找不出任何實驗方式檢驗哪一個理論才是對的。你唯一能做的，就只有自問到底哪一種理論聽起來比較可信？

觀念論者的世界對我們來說無疑會顯得很怪異，可是巴克萊卻說唯物論者的世界才更奇怪，因為那種世界居然是由「物質」這種我們既無法知道，又無法理解，也不可能詳細分析的東西所組成，那才叫不可思議。

物質有什麼問題？

巴克萊提出了好幾個論證來證明唯物論是錯的。例如其中一個，就是試圖要證明我們根本無法設想有物質存在。再拿先前那顆小石子做例子吧！這顆石子看起來有一定的形狀、大小、顏色，摸起來堅硬但光滑，有著諸如此類的性質。但是這一切都是感官印象，或者用巴克萊的術語來說，全都是**觀念**。如果把這些觀念從我們對這顆石子的概念裡抽走，那這顆石子還剩下什麼呢？空無一物！我們沒辦法找到任何能夠支持物質實體的概念。所以說，物質根本是無法被設想的東西。當然嘍，我們會用「物質」、「物質實體」這樣的語詞，但是這些語詞全都是空的，毫無任何意義。

巴克萊還有另一個論證，要說服我們相信「物質」是多餘的。在當時唯物論者的世界觀裡，上帝創造了各種物體，而物體又刺激到了我們的感官，才在我們的心裡創造出了關於物體的各種觀念。但是這樣一來，物質就是多餘的了。巴克萊說，如果我們把物質從上面這段話裡拿掉，讓上帝直接在我們心中放入感官印象，豈不是更簡潔？（當然，我們現在大概會比當時的唯物論者更不願接受這個論證所需要預設的上帝吧。）

不過，巴克萊自己最喜歡，也是自認最能徹底打倒唯物論的論證，則是他所謂的「主要論證」（Master Argument）。巴克萊用這個論證來勸服我們相信「物質」是不可能存在的；所謂「物質獨立存在於心靈之外」這個概念本身就是矛盾的。

巴克萊說，唯物論者為了要使我們能設想物質存在，便說我們要設想有不被知覺到的事物存在。但是這種要求等於是說要我們**看到看不見**的東西。我們確實可以在心裡想像從來沒有人知覺到的一本書或一棵樹，但是當我們一這麼想的時候，其實也就知覺到了那本書或那棵樹呀！

針對這個說法，唯物論者回應道，我們承認，當一個人在想某一棵樹的時候，在她心裡確實會存在著**關於某棵樹的念頭**；但是這並不表示**那棵樹本身**就在她的內心裡。沒錯，那棵樹的**觀念**的確在她心裡頭，但是那個觀念**所指的對**

象卻是在她的心靈之外呀！

有點誇張又不會「太」誇張

巴克萊用來駁斥唯物論的論證看起來都有點奇怪，甚至有點傻氣。不過，要想精確指出到底這些論證是哪裡出問題，倒是出人意料地困難。巴克萊宣稱物質不可能存在的說法，到最後只說服極少數的哲學家；但也有許多哲學家，包括休謨（David Hume，1711-76）與康德，都體會到巴克萊說我們沒辦法設想物質的這個論證的巨大威力，他們都同意我們在使用「物質」這個詞的時候，我們根本就不知道這個詞到底是什麼意思。

延伸思考

⬇ 9. 橘子不是橘色的
⬇ 28. 桶中的大腦

16 ——我總算想起來了

每個小學生都懂得畢氏定理：直角三角形的斜邊長平方等於另兩邊的平方和。我還記得十二歲時背誦這個定理和練習運用的模樣。但是直到大概十五歲的時候，我才知道怎麼證明這個定理，也才能夠說我真的懂得這個定理。

好，那我到底打從什麼時候可以說知道畢氏定理呢？是剛學著背誦這個定理的十二歲嗎？還是到我真正懂得這個定理的十五歲？在柏拉圖看來，這兩個答案都不對。照他的說法，我是**一直**都知道這個定理。我打從出生前就知道了這個定理。我在數學課上的經歷，只不過是老師在撩撥我的記憶，讓我能夠回想起我早就知道的事。

柏拉圖有什麼理由來提出這麼不尋常的主張呢？嗯，他在對話錄裡提出了兩個主要的論證，其中一個是在《門諾篇》（*Meno*）裡，而另一個則出現在《斐多篇》（*Phaedo*）裡。我們先從《門諾篇》看起吧！

教幾何的蘇格拉底

在《門諾篇》中，哲學家蘇格拉底與家教良好的青年門諾這兩名主角正在討論關於德行的問題。這整部對話錄最有意思的特色，就在於蘇格拉底提出了一個證明，主張我們所謂的學習其實就是回憶。

蘇格拉底喚了門諾身邊的一名小廝過來，問了他一個幾何問題。蘇格拉底畫了個邊長二呎的正方形，告訴這小廝說這個正方形的面積是四平方呎；接著，蘇格拉底就問這小廝，要使這個正方形的面積變為兩倍，各邊邊長需要增加多少？

這個小男孩毫不遲疑就回答，如果這個正方形的面積要變為兩倍，邊長也要增長為兩倍，所以答案就是這個新的正方形的各邊邊長應該是四呎長。

蘇格拉底接著透過一連串巧妙的提問，讓這名小廝發現到，自己的答案雖然看起來顯然是對的，但事實上卻是錯的。接下來，在蘇格拉底的循循善誘下，這個小男孩也真的發現了正確的答案。（新正方形的邊長要等於舊正方形的對角線長。）

而蘇格拉底這時早已叫門諾「看看究竟是我在教他、指導他，還是他自己推演出這答案來。」門諾不只仔細地盯著，也見證到蘇格拉底確實並未直接教導他的這名小廝。

既然這名小廝是自己得出了正確答案，蘇格拉底說，那麼在他身上就必定早就擁有這項知識。他並沒有學得什麼新東西，而只是受到刺激，回想起過去的知識。

靈魂不朽

柏拉圖的「學習即回憶」之說，和他對於靈魂不朽的信念息息相關。在《門諾篇》裡，蘇格拉底說人的靈魂是不朽的，而且會不斷轉世重生。這就是為什麼我們每個人身上能擁有極大量的內在知識。每個人的靈魂自古以來已經重生了許多次，也已經見識過所有的事物，包括這世上和理型界裡的一切。「世上沒有什麼不是『早已經』學過的。」蘇格拉底說道。

《斐多篇》中的證明

柏拉圖在《斐多篇》中，提出了關於「學習即回憶」這個理論的第二個證明。當我們看到某個人的畫像時，我們會回想起那個人本身的模樣，因而能夠藉以判斷這幅畫像到底畫得像不像他。同樣地，我們看到兩塊「相等」的木頭時，也能夠看出這兩塊木頭欠缺「相等」這個抽象性質（畢竟，沒有任何木頭會真的與另一塊木頭等長）。

但是，如果「相等」這個抽象概念不是來自感官經驗，那我們又是從哪裡得來這概念呢？答案顯然是在我們出生之前就已經有了這個概念——其他像是真、善、美等抽象本質的知識也是如此。靈魂過去曾經存在於理型界裡，它在那裡見過了「相等」本身、「善」本身、「真」本身、「美」本身等等。有技巧地探問，就可以讓靈魂回想起這些事物來。

簡單的反駁

我把蘇格拉底教幾何這個故事告訴了我在小學教書的老婆溫蒂，她對蘇格拉底的教育法印象深刻，卻對哲學一點興趣也沒有。「我不懂為什麼這樣就證明了學習即是回憶，」她說道，「這只是證明人有能力理出頭緒來而已嘛！」

溫蒂或許不是哲學家，不過我想她的說法倒是一針見血。柏拉圖要我們相信，在蘇格拉底所教的東西和學生所習得的東西之間有道鴻溝——而且是道明顯的鴻溝。但是「學習即回憶」這個理論卻不一定是最能夠弭平這道鴻溝的方法；內在的理性思考或許就是個比較樸實的解決之道也說不定。（不過，這個做法也不禁讓我們懷疑到底這種內在能力的根源究竟是什麼。）

不管怎麼說，是柏拉圖首先提出了關於教與學的本質這個重要的問題，這點還是值得欽佩。

延伸思考

➡8. 真實的世界

17 你賭上帝存在嗎？

就算你不相信上帝存在，你也應該相信上帝。這個驚人的結論，出自法國數學家兼科學家與神學家巴斯卡（Blaise Pascal, 1623-62）出名的賭徒論證。

巴斯卡與機率

巴斯卡首創了機率理論：這是數學中分析隨機事件的一個分支。西元一六五四年，巴斯卡和費瑪（Pierre de Fermat）在彼此的通信中，討論到關於隨機遊戲的數學問題，從此開始了機率理論的發展。而在賭徒論證裡，巴斯卡就利用機率數學來處理我們究竟該不該相信上帝這個棘手的難題。

巴斯卡的賭注

賭徒論證本來只是巴斯卡《沉思錄》（*Pensées*）中的附註，而這本書原本的用意是要為基督信仰提出辯護。可惜，巴斯卡在成書之前就過世了，這個著名的論證只能從他雜亂的手稿中拼湊出可能的樣貌。這個論證大致上是這樣：

上帝要不是存在，要不就是不存在。不過你就算再怎麼努力，也不知道哪一個才是真的。所以你應該怎麼選呢？要相信祂？還是不相信祂？嗯，既然沒辦法用理性來決定，你就只能賭一把了。但是你該怎麼下注？在你下注之前，應該仔細考慮一下這場賭博的風險與報酬。如果你相信上帝，那麼你會贏還是輸？如果你不相信上帝，你又會得到什麼結果？

首先，讓我們考慮一下選擇相信上帝的可能獲益與損失吧。在這種情況下，如果上帝存在，你就能夠享受永恆的幸福；而如果上帝不存在，你可能損失的就只是一些世俗享受而已。所以，你要不是可以得到無限大的報酬，就是輸掉有限多的滿足。

接下來，我們再看看選擇不相信上帝的得失。在這種情況下，如果上帝存在，你就失去了永恆的幸福；而如果上帝不存在，你得到的也非常有限。所以你的最佳期望結果，也就只是有限的獲益而已。

現在拿兩者相比：選擇相信的潛在獲益是無限的，而選擇不相信的潛在獲益是有限的。所以不用腦袋也懂得怎麼選：你應該選擇相信上帝。

懷疑上帝？最好還是相信吧！

巴斯卡公開賭注的用意，是要說服對於要不要相信上帝還懷著三心二意的那些人，而他撰寫《沉思錄》的目的，就是為了讓他們相信上帝。不過，有趣的是，這個論證似乎也表示，就算你不相信上帝存在，你最明智的選擇也是相信上帝。為什麼呢？

就算你相信上帝存在的機率只有千分之一，相信祂仍然會是你的最佳選擇。因為相信的期望值等於上帝存在的機率乘以正確賭祂存在的報酬，而千分之一乘以無限大仍然等於無限大，所以相信的期望值是無限大。

同樣的道理，不管你覺得上帝存在的機率是百萬分之一或是十億分之一，結果都一樣。無論你覺得上帝存在是多麼不可能發生的事，數學都會告訴你最好相信祂。

有些版本的賭徒論證會把另一個因素列入計算，也就是對於不信上帝者的永世懲罰。這麼一來，不信者的心理壓力就更大了。畢竟，有誰敢冒這份永永遠遠都要承受折磨的風險？

先別急，巴斯卡閣下！

巴斯卡的賭注引發了一些反駁聲浪。畢竟，信仰並不像我們可以隨意決定的那種事情。說我們可以選擇相信上帝的這種說法，似乎不太對勁。巴斯卡的回應是，雖然我們不能決定要不要相信，但是我們可以選擇讓自己走上相信的道路，例如參加彌撒、禱告、讀聖經等等。巴斯卡認為，如果我們謹守著這些信仰的外顯行為，終究能夠形成真正虔誠的信仰。

賭徒論證的另一個問題是，這個論證似乎不僅適用於基督教的上帝，只要任何能夠提供無限獎賞的神明也都同樣適用。那麼，我們要如何在彼此競爭的宗教中做出選擇呢？

況且，宗教事務好像不太適合建立在個人對於利己考量的計算上。由衷的信仰似乎才是真正的關鍵所在。

合理的建議

這些反駁確實有點令人頭疼。所以，或許對於要不要賭一把的最好回應就是置之不理，轉身喝杯啤酒。為什麼呢？因為這樣做的期望值也是無限大——而且還有啤酒可以喝。

說清楚些，如果你喝了酒，那麼就算機率再低，你總有機會遭遇到神祕經驗，然後相信上帝。假設這個機率是百萬分之一好了。在這種情況底下，喝酒的期望值是決定相信上帝的期望值的百萬分之一。可是那期望值就會是百萬分之一乘以無限大，結果仍然是無限大。這真是棒透了！乾杯！

延伸思考

⬇ 7. 圓滿的完美

⬇ 38. 上帝安息吧

⬇ 41. 荒謬卻真確

18 機器鬧鬼

法國哲學家笛卡兒是個**二元論者**（*dualist*）。他認為宇宙中包含了兩種實體：物質與心靈。物質的本質就在於其佔據了空間的廣袤（extension），而心靈的本質就在於能夠思想。

根據笛卡兒的說法，人是由無形的心靈與藉由物質所構成的身體所結合的成品。心靈是我們得以從事思考、感覺、欲求、知覺等行為的部分，而身體則是使我們四處活動的另一部分。

機器鬧鬼

這真是個奇怪的概念。這種說法讓人想到一個畫面：有某個虛無縹緲的東西在身體內部飄來飄去；簡直像「機器鬧鬼」一樣。

更進一步看，會發現笛卡兒的心／物理論甚至比乍看之下更加詭異。根據這個說法，身體是屬於有形事物，具有形狀、大小，位在空間之中，但不會思考；另一方面，心靈**卻會**思考，但是不具形狀、大小，也不佔據任何空間。

我們很容易了解為什麼笛卡兒說身體不會思考。沒有什麼人會認為石頭、雲朵或是原子這樣的有形事物能夠思考，同樣地，也沒有人認為完全只由有形事物所組成的物體，不論在結構上多麼複雜，居然能夠擁有任何的思想、感覺或觀念。

但是，笛卡兒為什麼會認為心靈不佔據任何空間呢？嗯，雖然他可以假裝或者想像自己沒有身體，但是他卻不能假裝或想像自己沒有心靈（因為假裝或想像都是心靈的活動）。這使得他深信，他的心靈就是自己最重要的本質部分，而且可以不依靠身體而存在，也「不需要存在於任何空間」。

可是按照這個說法，心靈與身體的統合物就會是個很古怪的東西，畢竟心靈並不存在於身體所存在的地方呀！事實上，心靈根本不存在於**任何地方**。那隻鬼根本就不在這部鬧鬼的機器**裡頭**！

心—物問題

順著這一連串討論下來，我們就進入到哲學史上爭辯最激烈，也最為棘手的難題：心物問題。

如果像笛卡兒所說的那樣，心靈與身體是兩種不同的實體，那它們彼此之間要如何互動？思考、感覺、欲望等心靈事件又要怎麼引發身體的動作？而身體的運作歷程又要怎麼讓人能夠思考、感覺和欲望？

心靈事件能夠引發物理事件，而物理事件也能引發心靈事件，這似乎超過我們可以合理懷疑的狀況。我有個想要走路的意圖，我的腳就開始動了；我碰到了燒紅的鐵塊，就會感覺到劇烈的疼痛。但是怎麼會這樣呢？思想要怎麼推動物質運動？物理接觸又要怎麼產生感覺呢？

經常與笛卡兒通信往來，討論哲學問題的波希米亞公主伊麗莎白（Princess Elisabeth of Bohemia）也同樣向笛卡兒提出了這些問題。可是笛卡兒卻未能給公主滿意的答覆。笛卡兒相信，心靈與身體是在大腦之中的松果腺（位於左右半腦之間的松果狀器官）進行互動，但是他卻沒能說清楚到底這互動過程要**怎麼**進行。而且，既然他說心靈不在空間之中的任何位置，那麼說心與物的互動會發生在大腦裡也就顯得莫名其妙了。

自笛卡兒那時代以來，心物問題就一直教哲學家搔頭撓耳，百思不解。至今已提過無數種解法，但相關的爭論仍方興未艾。由於要解釋心物之間的互動太過困難，許多當代哲學家便徹底拒絕接受二元論，主張心靈也是物理上可解釋的事物。這一派拒絕有獨立心靈實體存在的哲學家就稱為**物理論者**（*physicalists*）。

牛津大學的萊爾（Gilbert Ryle, 1900-76）可說是對二元論駁斥最力的哲學家之一。他是第一個用「機器鬧鬼」這句話來批評二元論者如何看待心物關係的人。而這個說法的關鍵，當然就是：鬼怎麼能推動機器嘛！

延伸思考

➡19. 怎麼會這樣？
➡32. 當心你的行為

19 怎麼會這樣？

依照笛卡兒的說法，心靈與身體是不同的事物，而我們每個人都有非物質的心靈和由物質所構成的身體。但是我們在前一章中已經看到，這種說法造成一個棘手的問題，也就是這兩種截然不同的實體要怎麼互動？心靈歷程要怎麼造成身體運動？身體活動又要怎麼引發思想、感覺和知覺？

機緣論

歷年來，思想家對於心物問題紛紛提出了許多不同解法。在這其中笛卡兒的一名狂熱支持者，也與笛卡兒同樣出身法國的思想家馬勒布朗士（Nicolas Malebranche, 1638-1715）就提出了一個有趣卻也有點奇妙的主張。

馬勒布朗士不像其他人一樣試著提出一套解釋心物之間如何互動的機制，反而根本拒絕承認心物之間能夠互動。他說，心靈事件不能引發物理事件，而物理事件也同樣不能引發心靈事件。這似乎和我們的一切證據完全相悖。畢竟，有誰會懷疑我只要動一下念頭，就能夠叫我的手指動一動？又有誰會否認我割到手指的時候會覺得疼？

馬勒布朗士的回答是，雖然表面上看來如此，但是我的思想並不會造成我的手指活動，而割傷皮肉也不會造成我感覺到疼痛。真正移動我手指的，其實是上帝，而且也只有上帝而已；而會讓我感覺疼痛的也是上帝，別無其他原因。我要活動手指的意圖，只是剛好讓上帝活動我的手指的**機緣**（occasion）；而我手上的割傷，也只是剛好讓上帝造成疼痛感的**機緣**罷了。

馬勒布朗士的這套理論通常稱為**機緣論**（*occasionalism*），主張世上的一切都只有一個真正的原因，那就是上帝。這個理論解決心物問題的方法，就是乾脆否認心物之間**有**任何互動。但是，機緣論並不只是對於心物問題的**特設**（*ad hoc*）解法而已，事實上馬勒布朗士自己可是提出了好幾個論證來支持這個理論。

必然連結

「真正的原因，」馬勒布朗士寫道，「……就是能夠讓心靈知覺到在這個原因與其結果之間有一個必然連結的那種事物。」換句話說，我們只有在看到甲**必然**使乙出現的情況之下，才能夠說甲是乙的原因。

可是我們沒辦法知覺到心靈狀態與身體狀態之間有任何的必然連結。比方說，我可能形成了一個要活動手指的意圖，但是我的手指仍然不動如山；我的手可能被割傷了，可是我絲毫不覺得痛。而且，同樣地，我們也沒辦法知覺到在不同的物理狀態彼此之間有任何的必然連結。如果在撞球桌上有一顆球撞到了另一顆球，我們會期待第一顆球的運動會分配到第二顆球上頭。但是，我們會這麼想是因為我們有了這類撞擊的大量經驗，而不是因為一個事件**必然地**蘊含另一個事件。如果不管過去的經驗，我們大可設想第二顆球會靜止不動，或是突然消失，甚至是讓第一顆球直接穿越過去！

總之，我們從來不曾知覺到在心靈事件對身體事件、身體事件對心靈事件，或甚至物理事件對物理事件彼此之間的必然連結。因此，在這兩個事件之間並沒有一個真正的原因在中間運作。

不過，要是上帝介入，狀況就不同了。上帝的全能保證能讓祂想要發生什麼事，就會發生什麼事。如果上帝要我的手指活動，我的手指就必定會活動；

如果祂要我感受到疼痛，我也一定會覺得痛。馬勒布朗士寫道：「心靈只知覺到在完美的存有者與其結果之間有著必然的連結。因此，只有上帝是真正的原因，也才是真正有力量推動身體的來源。」

當然，馬勒布朗士的第一項前提，亦即真正的原因就是我們能知覺到這個原因與其結果之間有必然連結的這個主張，並非毫無爭議。堅持在原因與結果之間有必然關係是一回事，但是主張心靈能夠知覺到這個必然關係，那又是另一回事了。

持續創造

馬勒布朗士的另一個論證，則是依據笛卡兒《沉思錄》（*Meditations*）中的一條原則而來，那就是上帝是靠著持續創造的方式來保存這個世界。笛卡兒說，一個事物前一刻還存在，並不能因此就使這個事物在下一刻也，必然存在。要維持這個事物持續存在，就必定要有個原因。他認為，這個原因就是上帝，是上帝在每個時刻都時時重新創造了這個事物，才維持了這個事物的存在。

笛卡兒並沒有真的證成這個主張。他只說，「任何人只要認真思考時間的本性，就能想清楚這一點」，並且還向我們保證，這是一項「所有形上學家都會肯定的明顯真理」。

馬勒布朗士依據「持續創造」這項主張推論出，上帝保存一個物體的方式要不是持續在同一個地方創造出同一個物體，也就是讓這事物保持靜止，要不就是在不同的地方持續創造出同一個物體，而這種情形也就是事物的運動。但這麼一來就表示，一個物體絕不可能作用在另一個物體上，使它產生運動；心靈也同樣不可能作用在物體上，使物體運動。無論物體是動是靜，完全仰賴上帝在各個不同的時刻中，選擇在什麼樣的位置重新創造出這個事物來：

「舉例來說，有什麼道理比因為上帝要某個物體一直維持在同一個位置，所以誰也推不動那個物體還來得明顯？同樣明顯的是，除非上帝有意為之，否則人哪有可能抬得起自己的手來？只有那些不知感恩的傻子，才會以為這是完全出自他自己的行動。」

同樣地，我們很容易就懷疑馬勒布朗士這裡的前提：上帝是透過持續創造來維持世界存在。不過，說來也有趣，當時的人，甚至包括抨擊馬勒布朗士最激切的對手，倒是全都願意接受這一項前提。

雖然怪，卻影響著後代

雖然馬勒布朗士的理論不太可信，但是他的機緣論倒是成為許多一流哲學家的思想養分。例如萊布尼茲和巴克萊，雖然未被這套理論說服，卻也確實受到這理論的影響。

就算是批評機緣論是「天方夜譚」的懷疑論者休謨，其實也深深受到馬勒布朗士的說法影響，認為必然連結就是因果概念的核心。休謨說，既然心靈和感官都沒辦法發現在任何物體或事件之間的必然連結，我們就沒有好理由能把因果力量歸諸心靈或身體。休謨甚至還接著否定我們能夠發現上帝的意旨與任何事件之間的必然連結呢！

延伸思考

⬇18. 機器鬧鬼

⬇20. 萊布尼茲的美妙童話

⬇22. 你預測不了未來

20 萊布尼茲的美妙童話

在所有奇怪的哲學想法裡，萊布尼茲的《單子論》（*Monadology*）無疑是最怪異的一個。事實上，就是因為他的想法太誇張、太荒唐，才啟發了我寫這本書的念頭。

英國哲學家羅素說過，他為了備課而讀了萊布尼茲的作品，結果讓他「覺得——就和許多人一樣——整本《單子論》根本就是個童話故事，或許在內容上是融貫的，可是根本完全就是胡謅。」不過，接下來他倒是很公平地繼續說，在進一步研究後會發現，萊布尼茲的想法確實很有意思，也很有價值。

單子

《單子論》寫於西元一七一四年，是德國哲學家萊布尼茲對於單純實體的一部精簡論述，其內容主題是：構成實在界的最基本成分。

我們先前已經介紹過，笛卡兒主張世界包含了兩種實體：一個是擁有廣袤的**物質**，一個則是能夠思想的**心靈**。萊布尼茲反對這種說法，主張實在界純粹是由心靈所構成。

萊布尼茲認為，經驗事物（我們透過感官知覺到的對象）都是可分割的，都是聚合物（aggregates）或複合物（compounds）。因此，它們必定是由單純的實體所組成，「因為複合物也只是單純實體的集合或**聚集**（*aggregatum*）罷了。」這些單純實體不會被延展——因為它們既沒有大小，也沒有形狀——否則它們就可以被繼續分割，也就不再是單純實體了。

而既然單純實體不會延展，也就是說它們不具任何質料。這就表示單純實體必定是心靈事物，雖說它們大概屬於非常基本的一類。所以，自然的基礎單位是不具質料、像靈魂一樣的這種實體；萊布尼茲稱之為**單子**（*monad*）。

單子論

單子還有什麼其他內容嗎？有的。萊布尼茲在進行一連串的形上學思索後，推論出單子還有以下的性質。

單子的數量是無限多的，而且每一個單子都彼此不同。而既然單子是單純的實體，在它們身上也就沒有任何東西可以增添或減少。這就表示，單子既不會成長，也不會衰退。世上只有上帝能夠創造或消滅單子，而且除此之外，單子絕不會憑空出現或消失。

另一方面，用萊布尼茲的術語來說，單子「沒有窗戶」（windowless）。這意思是，單子沒有任何可以跟世上其他事物溝通或互動的方式。單子既不會影響其他單子，也不會受其他單子影響。但是儘管如此，每個單子都持續在變化、發展，只是這種變化純粹是由單子的內在所驅動。

除此之外，如果用現代的話來說，單子也是預先設定好的。單子的每個變化狀態，都是由上帝在創造單子時預先設定好的內在驅力所推動。而且，既然單子不具質料，這些變化也一定都是心靈狀態的變化，而非物理狀態的變化。

雖然單子之間不會彼此溝通互動，但是按照萊布尼茲的說法，每個單子都是「活生生反映宇宙的永久鏡像」。這意思是說，每個單子都有一種內在的表徵，能「知覺」到存在的其他萬物。這種內在表徵的變化，就反映出了外在環境的變化，可是這並非因為外在環境影響了單子（因為單子沒有窗戶），而是由於上帝早就已經如此預先設定了。

怪異卻美妙的單子世界

由此可見，這個世界是由不具質料、像靈魂一樣的單純實體單子所構成的。像石頭這種不會動的物體，是由無限多的「基本」（bare）單子所組成。這些基本單子也有知覺，但這知覺是非常基本層次意義下的知覺。換句話說，在這些基本單子的內在表徵中，宇宙是不清不楚、不明不白的。

在稍微高等一點的層次裡，動物也是聚合了許多單子而成的結果，但是牠們是由一個主要單子（也就是「靈魂」）所統一，而這個靈魂不只有知覺，還能有意識。把層次再拉高一點，人類也是單子的聚合物，而我們的主要單子不只有意識，還有理性；這個主要單子就可以稱為「心靈」。

預定的和諧

好，單子沒有窗戶，它們彼此之間沒有互動；那要怎麼解釋我們明顯觀察到的經驗事物之間的互動呢？我們又要如何說明每個單子都映照著（或知覺到）宇宙的這個事實？

萊布尼茲對這些問題的解釋訴諸了「預定和諧」的概念。他說，上帝早就安排每個單子在受到內在驅力而產生變化時，會完全與其他所有單子同步變化。這就像是一個鐘錶匠製造了一大堆會同時作響的鬧鐘一樣；鬧鐘同步作響的情形不是因為它們會彼此影響，而是因為鐘錶匠製造這些鬧鐘的技術非常精準。同樣地，上帝也一樣精準地創造出了無限多個可以彼此完美同步的單子。

所以，舉例來說，如果我將一塊石頭踢到草地的另一邊去，這不是因為我透過什麼方式影響了那顆石頭，而是因為我這個單子和石頭那個單子早在受造時就被設計好，會準確地在那個時刻做出那樣的運動。

虛妄的時空

心思敏銳的讀者可能會懷疑，既然單子不會延展，那又怎麼能夠彼此結合，形成我們所知覺到的週遭物品？很顯然地，無論聚集了多少不具大小的事物，就算有無限多個好了，也不可能造出一個具有廣袤的物品呀！

萊布尼茲的答覆是，其實呢，根本就**沒有**具有廣袤的物體。感官所察覺到的物體只是**看起來**有形狀和大小，但這只是事物的表面而已。事實上，所有的物體就和構成它們的罩子一樣，完全不具任何廣袤。世界本身不具廣袤，只是對我們會**呈現出**具有廣袤的模樣罷了。

你的主要罩子，也就是你的心靈，在觀看世界的時候會採取某種視角；而我的主要罩子，也就是我的心靈，則會採取另一種視角來觀看世界。空間這種幻覺能夠幫助我們從各自的視角理解這個世界，但是空間本身並不是實在的東西。（想想能夠讓玩家在虛擬世界中探索互動的電腦遊戲就知道了。在那樣的虛擬世界裡，各種物品彷彿也都置身於三度空間中，但是它們並不是真的。那只是它們呈現在我們眼前的方式而已。）

同樣的想法也可以套用在時間上。所以對萊布尼茲來說，時間也同樣不是實在的事物，只是一場虛妄罷了。

延伸思考

➡2. 好到不能更好了

➡18. 機器鬧鬼

➡19. 怎麼會這樣？

21

──噢！我感覺棒呆了！

希臘哲學家伊比鳩魯（Epicurus, 341-270 BC）說過，有智慧的人即使身在絞架上也能享有幸福。這聽起來實在很荒謬。事實上，亞里斯多德（Aristotle）就說這種想法是「胡扯」，而且他主張快樂既然是幸福的重要成分之一，那麼人必定在某些程度上要依賴外在環境的配合才能得到幸福。

有則老笑話說，有個認真的大學生向牛津大學的古典學家兼神學家喬威特（Benjamin Jowett）請教，一個好人被綁在絞架上的時候，真的還能擁有幸福嗎？喬威特博士審慎地考慮過後，回答道：「或許一個真的很好的人可以──只要那個絞架也真的很爛就可以了！」

伊比鳩魯的審判與苦難

先不管亞里斯多德和喬威特的批評，伊比鳩魯本人倒是展現出欣然忍受不適的過人能耐。他一輩子都體弱多病，而且死時極為痛苦；然而，他倒是非常堅強地忍受這些痛苦，始終保持愉悅的心情。甚至到他臨死之時，他還寫了一張動人而愉快的便條給他的朋友：

「在我生命中最快樂的一天，也就是我即將死去的這時刻，我想提筆寫信給你。我膀胱和胃部的老毛病，還是跟往常一樣……不過儘管如此，當我想起與你對話的往事時，我的心裡還是充滿了歡喜。」

在莎士比亞的喜劇《無事生非》（*Much Ado About Nothing*）中，年老的貴族李奧納多（Leonato）打趣說：「從來沒有哪個哲學家可以有耐心地忍受牙疼。」他顯然不大認得伊比鳩魯。儘管如此，但伊比鳩魯宣稱有智慧的人即使飽受折磨也能擁有幸福的這個說法實在教人困惑，而且更重要，為這說法顯然牴觸了他自己的哲學基本信條，亦即，快樂是唯一的善。

苦與樂

伊比鳩魯說道：「快樂就是幸福生活的開端與終結。」換句話說，構成幸福的唯一要素就只有快樂。生活的目標就是要獲得幸福；用實際點的方式來說，就是要儘量增加快樂和減少痛苦。

但這並不是說伊比鳩魯主張盲目地追求快樂。伊比鳩魯清楚體認到某些快樂（好比吃得太多）反而會導致痛苦，因此應該要設法避免。事實上，他認為在我們追求幸福的過程中，避免痛苦所扮演的角色還比尋求快樂來得更加重要。因此，他的建議其實是要我們培養簡單、持久，又比較沒有不良後果的快樂。

營養均衡的飲食、朋友的陪伴和簡單無壓力的生活方式，就是伊比鳩魯對幸福生活的處方。據說他和門下弟子在雅典城外建立了一座園林，在那裡過著簡單而幸福的生活。他們採取樸實無華、回歸自然的生活方式，就是為了確保身體的健康與靈魂的安寧。

在絞架上怎麼避免痛苦？

可是這些做法隨即引起一個極為明顯的重大問題：如果他這麼看重避免痛苦，那又怎麼能說有智慧的人即使在絞架上也能享有幸福呢？畢竟絞架本來就是為了造成痛苦而設計出來的呀！所以，按照伊比鳩魯的說法，沒有誰會比在絞架上受刑的人更加**不幸**才對呀！

這裡有兩點要說明一下。首先，雖然伊比鳩魯說幸福只由快樂構成，但他的意思並不是指某個當下所感受到的快樂，而是看整個人生從頭到尾快樂與否。這一點從他盡力避免短暫的快樂，反而偏好較持久的快樂，就可以看出來。

其次，伊比鳩魯認為智性上的快樂勝過肉體上的快樂，而肉體上的痛苦也不如心靈所遭受的痛苦難受。智性快樂比肉體快樂更有價值的原因，不是因為它們本來就比較好，而是因為這種快樂比較在我們的直接掌控之中（就算我們不能左右周遭環境，至少可以主導我們的思想）。而肉體疼痛不如心靈受苦嚴重的原因，是因為身體的痛苦通常為時短暫，一旦結束就結束了；可是心靈的苦痛會延伸到連結過去悲慘的回憶，也會擴及對未來災禍的恐懼。伊比鳩魯寫道：「皮肉只承受當前的折磨，但是心靈卻還得忍受過去與未來的痛苦……」

不嚴重的痛苦，就算時間拉得再長，也不會讓有智慧的人得不到幸福。他可以效法伊比鳩魯的榜樣，專心在幸福的想法上。但是被綁在絞架上的人呢？

呃，顯然他一定飽受痛苦，「開口哭嚎」。但是，一旦他知道所受到的折磨很可能為時不長，而他的人生，若從整體來看，可以算得上是十足幸福的人生，那麼他便能有所慰藉了。況且，就算是在他受折磨的當下，也仍然能夠有些正面的想法，還能「感謝所有無論在不在場的親朋好友」。

一絲真理

說到底，有智慧的人在絞架上還能享有快樂，實在不能令人信服。如果折磨得夠長夠久，就算是再怎麼受過訓練的心靈，也難保能繼續無視於眼前的痛苦。不過，伊比鳩魯的話倒也還有一絲真理。就算肉體受罪，我們還是能過著完滿幸福的生活；他自己的人生處境就是最好的見證。

延伸思考

➡1. 不是真的「壞」
➡12. 當丹・布朗對上莎士比亞
➡23. 苦難的終結

22 你預測不了未來

如果我把鉛筆拿到桌面上方幾公分高的位置，然後放開，你猜會發生什麼事？很明顯地，這枝筆會掉到桌上。大家都知道**這件事**。但是我們是怎麼知道的？是什麼讓我們能如此確定？

如果繼續追問這問題，一般人大都會說因為鉛筆總是往下掉；我們之所以知道鉛筆在未來也會往下掉，是因為鉛筆在過去總是往下掉。

如果再進一步追問，**為什麼**我們相信鉛筆在未來還是會像過去一樣往下掉，可能就會拿重力定律來解釋。我們會說，像鉛筆這樣的物體，由於受到重力的影響，所以除非受到阻擋，否則總是會往下掉。但是這就出現問題了：我們怎麼知道重力定律在未來仍會如同過去一樣有效？如此一來，我們又回到了問題的原點。

說到底，我們相信半空中的鉛筆會往下掉的這個信念，是建立在「未來會與過去相似」的這個預設上頭。這是個再自然不過的預設。我們都會這麼想，而且事實上，我們也沒辦法不這麼想（不然的話，試著拿枝鉛筆放開看看，觀察一下你自己會怎麼想）。但是我們有理由證成（justify）這個預設嗎？我們有堅實的理由相信，因為鉛筆在過去總是往下掉，所以在未來也依舊會往下掉嗎？

演繹與歸納

試想一下底下的論證：

1. 在過去，每枝鉛筆只要一鬆手就會掉到地上。
2. 現在握著這枝鉛筆的手要放開了。**所以，**
3. 這枝鉛筆會掉到地上。

首先要注意到，這不是哲學家認為有效的（valid）演繹（deductive）論證。有效的演繹論證指的是依據嚴格的邏輯規則，前提必然推得其結論。例如：

1. 所有人都會死。
2. 蘇格拉底是人。**所以**，
3. 蘇格拉底會死。

誰都看得出來，這個論證的前提如果為真（如果所有人都會死，而且如果蘇格拉底真的是人），那麼在邏輯上，這個結論也**必定**為真。

但是這也不是放開鉛筆的例子中所採取的論證。在鉛筆的例子裡，前提並不保證結論為真。在**邏輯上**沒有理由說為什麼下一枝鉛筆的動作就不會與先前的鉛筆不同。我們或許並不期待它真的會有所不同，但是我們也能毫無困難地設想它會不一樣。所以這個論證並不是有效的演繹論證。

然而，我們還是會覺得放開鉛筆這個論證很有說服力。那是因為事實上這個論證屬於另一種論證，也就是**歸納**（inductive）論證。歸納論證是一種從個別例證中推論出普遍結論的論證。舉例來說，當我們觀察過大量的天鵝，而且注意到牠們都是白色的之後，大概會歸納推論出一個結論：所有的天鵝都是白色的。

我們無時無刻都在使用歸納論證，這是我們賴以生存的重要能力。如果我們不會做歸納論證，就沒有理由擔心會被火燙傷，也不會懂得食物可以滋養我們，更不知道黑夜過去就是白天；我們對這個世界的種種經驗就會是一團混亂而無法預測。

歸納法問題

歸納法雖然重要，但是並非沒有問題。首先，歸納法不是百分之百可靠。歸納論證從來不能保證結論為真。在西元一六九七年之前，歐洲人已經看過了上百萬隻的天鵝，而且也注意到所有的天鵝都是白色的。他們歸納推論出，所有的天鵝都是白色的。但是當歐洲人在澳洲發現了黑天鵝，過去的這個結論就不攻自破了。

其次，更基本的問題是，到底有沒有理由可以證成我們使用歸納法？歸納推論建立在一項預設之上，也就是過去已經發生的事可以當作未來會發生的事的可靠指引。可是這個預設有道理嗎？這個問題現在通稱為**歸納法問題**（the problem of induction），是由偉大的蘇格蘭哲學家休謨提出，而且從此就成為哲學中的一道難題。

歸納法不是很好用嗎？

所以，到底是什麼理由**真的**證成了我們認為因為過去把鉛筆鬆開就會往下掉，所以未來把鉛筆鬆開，也會往下掉？又是什麼證成了我們相信因為太陽在過去的每天早上都升起，所以明天也會如此？更普遍地說，我們有什麼理由相信自然定律在未來也會如同過去一樣成立？

最直接的回答是，我們之所以有理由相信未來會如同過去一樣，是因為這個預設到現在為止一直都很可靠。我們醒著的每分每秒，都要依靠歸納法來維持我們的生活。何況所有的科學與科技進展，也全都預設了自然世界有著可預測的規律存在。

可是這種回答本身也是建立在歸納法上。羅素在《哲學問題》（*The Problems of Philosophy*）中就指出：「這樣的論證只是丐題（question-begging）罷了。我們所經歷的是已經過去的未來，而不是尚未來臨的未來，可是問題是：尚未來臨的未來還會像已經過去的未來一樣嗎？」

如果我們要說未來會像過去一樣，是因為先前一直都如此，那麼就是犯了循環論證的毛病：我們其實假設了我們打算證明的東西。

歸納法問題是哲學上最麻煩的問題之一。我們除了相信自然的齊一性之外也沒別的辦法，何況這樣的信念一直都對我們很有用。儘管如此，我們卻不能透過演繹法證明自然有齊一性；經驗所教導我們的，只不過是到目前為止，自然是有規律的。我們在推理思考中一直運用歸納法原理，但是卻沒辦法推論出**這個原理本身的道理**。

不過，或許歸納法問題是個假問題。有些哲學家說，想要證成歸納法其實是被誤導了；我們之所以不可能理性地證成歸納法，是因為歸納法本來就是告訴我們**什麼叫做有理性的一種方式**。若果真如此，那麼問「用歸納法理性嗎？」就跟問「法律合法嗎？」一樣毫無意義了。

延伸思考

⬇19. 怎麼會這樣？
⬇42. 科學也沒辦法證明的事

23 苦難的終結

佛陀說：「諸比丘！予以教過去、又現在、苦及苦滅。」①他的教誨從頭到尾都在談苦難：苦難如何生成？又要如何超脫？

古往今來許許多多的思想家都討論過這個問題，但是沒有幾個人像佛陀一樣如此專注在這個問題上。佛陀對於苦難的根源與遍行提出了極為深刻的創見，而他對於超脫苦難的想法，也相當令人震驚。

生命是苦

佛陀哲學的基礎，也就是第一聖諦，即「**生命是苦**」。佛陀特別強調：「生苦、老苦、病苦、死苦、怨憎會苦、愛別離苦、求不得苦。」②

苦不是偶爾會依附在個人生命中的事物，不是只要運氣夠好、小心謹慎就可以避開的東西。苦難交織成了生命本身。生命**即是**苦。

苦難的原因

佛陀的第二項洞見，也就是第二聖諦，則是「**苦集愛欲**」。

佛陀說，這個世界是無常的。世界本身以及當中的萬物，全都在流變之中；沒有什麼事物能時時刻刻維持相同的樣子。我們既然是世界的一份子，也是無常的。我們的身體是看得見變化的有機體，注定會敗壞腐朽；而我們的心靈甚至比身體更不穩定，印象、觀念、感覺、欲望隨時生滅迭替，讓我們的心

---

① 譯註：《中部經典》卷3：「諸比丘！予以教過去、又現在、苦及苦滅。」（CBETA, N09, no. 5, p. 199, a1-2 // PTS.M.1.140）《中阿含經》卷54〈大品2〉：「彼如來於現法中說無憂。」（CBETA, T01, no. 26, p. 766, a11）

② 譯註：《中阿含經》卷3〈業相應品2〉：「……以六界合故，便生母胎。因六界，便有六處。因六處，便有更樂。因更樂，便有覺。比丘！若有覺者，便知苦如真，知苦習、知苦滅、知苦滅道如真。云何知苦如真？謂生苦、老苦、病苦、死苦、怨憎會苦、愛別離苦、所求不得苦，略五盛陰苦，是謂知苦如真。云何知苦習（同「集」。下同）如真？謂此愛受當來有，樂欲共俱，求彼彼有，是謂知苦習如真。云何知苦滅如真？謂此愛受當來有，樂欲共俱，求彼彼有斷無餘、捨、吐、盡、無欲、滅、止、沒，是謂知苦滅如真。云何知苦滅道如真？謂八支聖道，正見乃至正定，是為八，是謂知苦滅道如真。比丘！當知苦如真，當斷苦習，當苦滅作證，當修苦滅道。若比丘知苦如真，斷苦習，苦滅作證，修苦滅道者，是謂比丘一切漏盡，諸結已解，能以正智而得苦際。」（CBETA, T01, no. 26, p. 435, c23-p. 436, a9）

總是不斷「此消彼長」。

心靈與物質世界的無常，就導致了苦難。我們的本性有部分渴求安穩長久的幸福，但是由於世事無常，我們能達致的任何幸福也都轉瞬即逝，難以饜足。

我們愈是渴求，就愈是受苦；這使得我們無論對財物、對人、對快樂的經驗或生命本身都緊抓不放。然而，這一切都同樣是無常的、難以滿足的。所以我們又會冀求新的對象，卻又一再落空。如此以往，不斷循環。

即使是死亡也無法解除我們的痛苦。令我們在這一輩子裡受盡辛苦的愛欲，到了下一輩子也依然如故。本書在第十章〈天命報應〉中說過，由欲望推動的行為會累積業力，推動生死輪迴（佛教與印度教都同樣重視業力與輪迴的概念）。所以，我們就會一再投胎，重新受苦。

苦難的終結

按照上面這一切所說，苦難彷彿是避無可避。但是佛陀向我們保證，「苦能得滅」；這就是第三聖諦。

一旦我們根除了苦難的根源，苦難就能終止：一旦停止愛欲，就不再有苦難了。佛陀說：「諸比丘！何謂苦滅聖諦？此即愛欲有斷無餘、捨離、滅盡、解脫、無染。」

愛欲就是苦難的源頭，所以要終止苦難就必須斷絕愛欲。這就是佛陀對於苦難問題所提出的基進卻合乎邏輯的解法。

一旦停止愛欲，就能達到**涅槃**（*nirvana*）。涅槃指的是一種完全平靜自由的狀態，是靈性深層的喜悅，是內心的純潔安定。得證涅槃的人不執於物，因此不會焦慮不滿，能夠遠離痛苦。

此外，得證涅槃者死後也不再轉世。可是這個人到哪裡去了呢？這是個謎。佛陀拒絕談論「終極涅槃」的本性，而這也許是因為概念語言尚不足以描述那樣的境界。無論如何，這種形上學的思辨只會使我們分心，無法專注在真正能夠得到解脫的功夫上。

所以，佛教徒大都用消極的方式來描述終極涅槃，像是「無欲」。雖說如此，但是在某種模糊的意義上來看，終極涅槃依然被當成是種極樂狀態。

道

這麼一來，為了要終止苦難，我們就得斷絕渴求。但這如何能夠呢？有可能辦到嗎？佛陀的第四聖諦說，「**滅苦有道**」。

佛陀說，要終止苦難，得證涅槃的方法，就是依照八正道而行。八正道指的是能夠發展德行與知識的一套方法，包括八項：正見、正思惟、正語、正業、正命、正精進、正念、正定。這八正道是在智性上、情感上和道德上自我轉變的方式，透過這種方式，可以斷絕無明私欲，得證涅槃。

這是哲學還是宗教？

佛教到底是哲學還是宗教？嗯，這問題很有得吵。不過，無論我們相不相信輪迴、涅槃等等說法，佛陀的觀點都無疑極富哲學意義。

在佛陀哲學的核心概念中，苦與不足是心靈對生命境遇的反應所得來的結果。但是世事無常：勝終會敗，樂終會苦，生終會死。說到底，這一切都不在我們的掌握之中。而我們**能夠**掌握的，或者至少能夠學著掌握的，就是我們的心對這一切要如何做出反應。

這樣的洞見極為深刻而饒富趣味。我們在第二十一章〈噢！我感覺棒呆了！〉中看過，希臘哲學家伊比鳩魯也提過類似的觀點，就算我們不能左右周遭環境，至少可以主導我們的思想，而且正因如此，即使生命起伏跌宕，我們仍能過得自在如意。

延伸思考

➡ 10. 天命感應

➡ 21. 噢！我感覺棒呆了！

➡ 26. 一個巴掌打得響

24——差勁的性別？

偉大的哲學家對女人總有很多話說，而且多半都在貶抑女性。

柏拉圖和亞里斯多德的看法

柏拉圖在對話錄《蒂邁歐篇》（*Timaeus*）最後討論了關於宇宙的結構，提出了一段精采的看法：「那麼，在動物方面，我們大概可以做出如下的評述。在所有活在世上的人之中，過著懦弱或不義生活的人，我們大概有理由推測他們在下輩子會變成女人。」

為了公平起見，我們一定要說其實柏拉圖有時也會提出比較平等的主張。他在《理想國》裡就主張不論男女，國家都要提供他們相同的訓練與機會；而且他也宣稱，自然稟賦的優劣分配是不分性別的；雖說他在這裡還是有點畫蛇添足地（考慮到整個脈絡，其實有點令人困惑）小小警告：「不過女人在各方面都還是差勁一點。」

亞里斯多德也認為女性不如男性優越，而且說得更直接：「很明顯地，靈魂的地位會勝過肉體，心靈與理性部分的地位會勝過激情，這是既自然又妥善的安排……男人天生就比較優秀，女人天生就比較差勁；男人負責統治，女人則受統治；這個道理必然適合全體人類。」

叔本華《論女人》

在哲學傳統中，認為男人是「理性的」，而女人則是「激情的」，所以女性略遜於男性一籌的看法並非罕見。但是要說到措辭激烈、尖酸刻薄，德國哲學家叔本華在他惡名昭彰的《論女人》（*On Women*）中的表現絕對可說無出其右。

叔本華這篇文章的主調，從一開始引述法國作家焦易（Jouy）的話就表露無遺：「若無女人，我們生命的開頭就會是脆弱無助的，中段則會欠缺歡樂，晚年又毫無慰藉。」叔本華認為，這精準地表達出了女性的角色與價值。

接著，叔本華繼續說道女人比男人更不理性，喜歡為雞毛蒜皮的小事而不顧大局，缺乏正義感，天性狡猾，改變不了說謊的習慣，既不懂得欣賞偉大的藝術，更甭提要創造出動人的藝術作品等諸如此類的缺陷，不勝枚舉。

他感嘆妻子總是揮霍丈夫辛苦掙來的錢，而寡婦又總是浪費亡夫留下的遺產。他寫道：「在女人心裡，她們總認為男人生來就是要賺錢給她們用的。」在這篇文章的最後，叔本華鼓吹一夫多妻制，主張這才合乎女人的福祉，畢竟「在一夫多妻制的種族裡，每個女人都能得到供養。」

我們必須了解，在叔本華那個時代，這種看法是相當普遍的。但是就我所知，沒有哪個哲學家敢這麼直白地貶抑女性。我再隨意摘錄幾段：

「光是看女人的樣子就知道，無論是在智性上或是體力上，她們都成不了什麼大事。女人生來的原罪不是要勞動，而是要受苦……」

「所以，在女人的天性裡，就是會把所有事物都當作贏取男子芳心的手段；她們對其他事物的興趣都只是裝出來的……最後還是只會搔首弄姿，裝模作樣。」

「男人只有在滿腦子性衝動的時候，才會把女人這種矮小、窄肩、闊臀、短腿的性別當作是美好的對象；因為只有在這種衝動下才會覺得女人美麗。」

「女人適合從事照護和看管幼兒，這從她們自己天生就幼稚、輕佻、短視的事實就看得出來，簡而言之，女人終其一生就是個大孩子。」

「好的一面」

廣播節目主持人兼作家梅濟（Bryan Magee）在他精采的《叔本華哲學》（*The Philosophy of Schopenhauer*）中說，雖然叔本華的《論女人》偏激又片面，但內容倒不像某些人想像中那樣長篇大論地抨擊女性，因為「這篇文章就像收支表一樣，不只有虧損欄，也有盈餘欄」。不過，梅濟可能還是說得太客氣了。事實上，叔本華在這篇文章裡對女人的稱讚，擺明都在挖苦女性。

說實在的，叔本華確實有說女人的推理能力發展要比男人更早成熟；但這句話是緊接在「愈晚、愈慢成熟的事物，也就愈尊貴、愈完美」這句話之後。沒錯，叔本華的確承認女人比較能看穿他人的偽裝；可是那是因為女人「天生就會」偽裝，而且「無時無刻」不在運用這項技巧。確實，叔本華說女人比男人更容易同情他人的不幸；不過那只是「她們軟弱的理性官能運作的結果」。這種褒美之辭尖酸刻薄的程度，可是絲毫不遜於他的批評責難。

叔本華的「論證」

說來奇怪，對於叔本華在《論女人》中的論證，倒是沒什麼人批評。我想箇中原因大概是這篇文章實在沒有舉出多少論證**可以讓人批評**。整篇文章根本只是在大肆謾罵罷了。

不過，我還是儘可能地把叔本華的說法整理出個論證來：女人是軟弱、不理性、虛偽、幼稚、愚蠢的；這表示她們比男人差勁；所以女人應該乖乖待在她們該待的位置。

說到底，叔本華的論證是建立在一套一竿子打翻一船人的荒唐錯謬之上。叔本華要不是本來就對女人異常刻薄，就是他只見識過極不具代表性的少數人吧！

《論女人》的魅力

簡納威（Christopher Janaway）在《劍橋導讀：叔本華》（*Cambridge Companion to Schopenhauer*）的序言中說，《論女人》實在是「一篇仇視女性者毫無道理的惡毒文章，唯一的優點是它表達了作者一貫的活力。」

《論女人》甫一出版即暢銷熱賣，甚至到今天都還吸引了許多人拿來做消遣之用（而不是要認真研究）。不過，無疑的是，這篇文章之所以聲名遠播，主要是因為叔本華的措辭尖酸激切，而不是因為論證多有水準。

延伸思考

➡ 3. 糟到不能再糟了

25 自私是美德

我們都會覺得利他行為是值得稱讚的善行，也會覺得利己的行為就算做到最好，也頂多是無關善惡。我們會讚揚將所學奉獻在治療烏干達瘧疾的傑出醫師；卻不會欽佩在好萊塢靠著動整型手術收取現金的外科醫生。

整體說來，利他是件好事，而自私卻不是那麼好的事。沒人會對這點有意見。不過，俄裔美籍的小說家兼哲學家艾茵．蘭德（Ayn Rand, 1905-82）倒是有不同見解。她說，自私才是美德，而利他則是一種「惡」！

利己主義與利他主義

艾茵．蘭德是個**利己主義者**（egoist）。這個詞的意思並不是說她自以為比其他人重要（雖然事實上這也可能是真的），而是說她在哲學上採取的立場是倫理利己主義（ethical egoism）。這種學說認為，我們的所有行為都應該根據自己的利益而為；自私不僅是道德上正確的事，更是件好事。

蘭德是怎麼推論出這個結論的呢？嗯，她的第一步是從強調每個個人的內在價值談起。她說，每一個人由於都有其內在價值，因此有權利追求自己的幸福與福祉。利己主義承認這一點。相對地，利他主義（altruism）則否認個別個人的價值，認為人沒有權利只為自己而活，只有透過服務他人才能夠證成活著的價值。利他主義主張：「**自我**（*self*）是惡的標準，而**無我**（*selfless*）則是善的標準。」利他主義所要求的，是自我犧牲、自我否認與自我毀滅。

蘭德說，傳統上都教導我們自私是錯的。在那種描述下，自私的人總是一副為了追求自己無理的欲望，就會冷酷無情地將其他人踩在腳下的模樣。我們總是被迫要選擇犧牲他人來成就自己的利己主義，或是選擇犧牲自己來成全他人的利他主義。而這樣的選擇總是被當成在善惡之間的鮮明對照，所以我們除了利他主義之外，實在沒有多少選擇。

然而，蘭德指出，「自私」其實只是指追求個人自己的目標與利益，不應該被當成一般蠻橫無理、鄙夷他人的負面意涵。同樣地，利己主義也只是主張追求個人自己的幸福和福祉，並不要求——也不應該要求——他人要為了自己而犧牲。

蘭德透過她《阿特拉斯聳聳肩》（*Atlas Shrugged*）這部哲學小說中的人物約翰．高爾特（John Galt）之口，精妙地總結了這種利己主義的概念：「我以我的性命和我對自己性命的熱愛起誓，我永遠不會為了其他人而活，也永遠不會要求他人要為了我自己而活。」

利他主義的害處

所以說，在蘭德的說法裡，利他主義否認了個人的內在價值。而且除此之外，她還進一步指出，利他主義會造成許多惡果。

怎會如此呢？嗯，利他主義教導人們說，道德與個人自己是敵對的。人只能勉強自己為了他人而犧牲，期待他們有天也可能會為了自己而這麼做。但這樣子只會給周遭帶來苦澀與怨恨。蘭德警告我們：「不要把利他主義和仁慈、善意或尊重他人權利給混淆了。」利他主義只會讓我們永遠成就不了這些美德；相對地，利己主義反而能夠成全所有的主要德行。

自私的美德

雖然蘭德鼓吹追求個人的自我利益，但是她堅決反對她所謂的「物欲崇拜」或「享樂主義」。她說，人基本上是理性的動物。理性是人賴以維生的基本工具。因此，要當個完整的人，就必須追求自己的理性自利。如果只是受物欲、情感、本能所驅動而行動，根本就是在過不配當人的生活。

理性的利己主義者有三項生活的基本準則：理性、目標與自尊。這三者是誠實、正義、正直、獨立等其他德行的基礎，卻不要求任何人必須為誰犧牲。蘭德寫道：「不要躲在『你該不該給那個乞丐一分錢』這種膚淺問題的背後。那根本就不是問題。真正的關鍵是你不給他那一分錢的話，你還有沒有權利活著？」

蘭德論稱，就算每個人都追求自己的理性自利，他們的利益也不會彼此衝突。衝突只有在人欲求不應得的事物時才會發生，只有在人們要求他人為自己犧牲的時候才會出現。然而，理性的要求並非要人透過威嚇、暴力與欺詐來彼此對待，而是要藉由說服與合作來共同生活。

蘭德說對了嗎？

這真是太驚人了！總算有一套倫理學是不會強求我們去安慰苦難、照護病患或是救飢拯溺的了！但是艾茵·蘭德的論證經得起仔細檢驗嗎？自私是不是真的沒問題——對不起，我說錯了，自私是不是真的是種美德？

對蘭德的思路最常見的批評就是她所提出的是種錯誤二分。也就是說，她給我們看到的是兩種做法彼此互斥，可是事實上並非如此。說得更清楚些，她說的是你若不當個徹頭徹尾的利他主義者，永遠只是為了別人而行動，不然就是做個完完全全的利己主義者，只為了自己而行動。

但是，為什麼我們就不能選個中間路線？我們的行動為什麼不可以有時只為自己，有時則是為了別人？你甚至也可以認為，既然我們通常是最懂得如何照顧自己的需要，而別人通常也最懂得如何照顧他們自己的需要，所以我們大多數情形都只要為自己而行動就好；不過，因為我們也體認到其他人的內在價值，所以有時也會覺得自己有義務幫助別人，尤其對那些弱勢無力的人更是如此。

蘭德指控過去的道德思想家提供給我們的只有利他主義和利己主義這種截然二分的選擇，但是這樣的指控並不公平。過去的思想家大都承認，我們的利益至少也和其他人的利益有同樣的價值。所以說，難道不是蘭德自己把選項給兩極化了嗎？

蘭德的影響

艾茵·蘭德的作品對於學院中的主流思想沒有什麼衝擊，但是卻深深吸引了大眾的目光。美國國會圖書館與每月一書俱樂部曾調查過，在讀者自認對他們人生影響最大的書本排行榜上，《阿特拉斯聳聳肩》的排名僅次於《聖經》。

然而，蘭德的作品遭人嫌棄的程度與受人喜愛的程度不相上下。抨擊蘭德的人經常說，她的小說根本是寫給不成熟的人看的東西。作家羅傑斯（John Rogers）有段在網路上流傳的名言，可說就將這種觀點展露無遺：「有兩部小說會徹底改變一個十四歲書呆子的一生：一部是《魔戒》（*The Lord of the Rings*），另一部是《阿特拉斯聳聳肩》。其中一本談論的是幼稚的幻想，往往讓人一輩子著迷於難以置信的英雄冒險，最終則是讓人長大之後情感遲鈍、社交困難，沒有辦法和社會好好互動。而另一部，當然，故事裡頭還有獸人出現。」

延伸思考

➡4.自私的動機
➡31.肩負重任！
➡40.規則、規則、規則……

26 一個巴掌打得響

一個巴掌打得響嗎？狗也有佛性嗎？是風吹旗動，還是旗動風吹呢？這些問題你答不出來——或者甚至連看都看不懂——但或許卻能幫助你開悟。

歡迎光臨禪的奇異世界：這是個主張開悟的竅門就是得停止思考的哲學。沒錯，他們要的就是：**停止**思考！

終極實相

過去有許多西方哲學家都試著了解一切實在的終極本性究竟是什麼；我們在先前的章節中已經看過不少，像是柏拉圖的理型論、萊布尼茲的單子論，還有巴克萊的觀念論等等。

東方的哲學家也同樣追求對世界的這份理解，他們也想知道事物背後究竟是什麼。但是東方哲學家與西方哲學家的取徑不同，他們傾向於將冥想、直觀與神祕經驗當作獲取知識的有效方式，而不僅只依賴批判分析與邏輯推理。

不過，對東方先賢與西方哲人來說，追求理解同樣是漫長而艱苦的。西方哲學家可能花上幾十年時間思考、修改自己的理論體系；而東方哲學家則是畢生——甚至花上好幾輩子——致力於尋求開悟。不過，日本禪宗的祖師榮西禪師（1141-1215）說，求道不見得如此困難；開悟有時就在電光石火間。

禪與悟

禪宗是源自中國的一支佛教宗派，約起源於西元六世紀時，後來傳入日本。日文中亦從中文沿用了「禪」字，指的是梵文中的**靜慮**（*dhyana*），意思是「冥想」。禪宗與其他佛教支派最大的不同，就是在於他們特別著重打坐禪修。榮西禪師就是將這套方法帶到日本的第一人。

禪修的終極目標是開悟：也就是消融一切分別，例如在知者與被知的對象之間的區別會因禪定而消失。不過，這樣的定義必然是模糊又未能令人滿意，因為開悟的真義本來就沒辦法用言語文字來表達，只能透過經驗才能有所體悟。

事實上，語言文字反而阻礙了開悟之路。依照禪宗的說法，實相無法透過一般的思考方式加以掌握，只能在非概念性的直觀層次上才能理解。所以我們要注意不能夠太仰賴思考，不能受縛於「文字網羅」之中。

也就是說，禪修的要點不是要思考，而是要跳出思考的界限；要使「思慮心死」。要說這些說法聽起來既模糊又弔詭，也沒什麼好奇怪的。禪**本來就是**既模糊又弔詭。禪不能受限於任何概念；想要表達一個無法表達的事物，終究只會淪入悖論的弔詭之中。

生活禪

儘管禪宗非常重視冥想，但是禪學弟子並不因此脫離日常生活，而且遠非如此。禪宗精神發展的一個重要側面，就是要人單純、自然、無所用力地過每天的日常生活；要人依靠直覺行動，而非不斷評估衡量自己的行為。

在禪宗的教導裡，諸如耕田、飲茶等日常事務都是冥想的一種形式；繪畫、書法、花藝等藝術活動，還有像是射箭等訓練也都是冥想的一種管道。（榮西禪師將茶道從中國傳入日本：除了可以讓僧侶保持清醒之外，更重要的是因為僧侶可以將備茶、上茶等時機當作冥想的機會。）

一開始要無所用力地行事總是格外費力，而且心思最重要的目標又是得在行動時無所用心。不過，到頭來一切總是能夠自然而然。一從種種牽絆與欲望中掙脫，就能夠讓人更加自在平和，準備迎接開悟的一刻。

開悟之道

禪宗又分為兩種流派；曹洞宗主張經年累月的修行可以令人逐漸開悟；而榮西禪師所建立的日本臨濟宗則認為人人隨時可以瞬間頓悟。

在臨濟宗裡，禪師經常會利用種種「公案」來幫助弟子開悟。公案指的是一些令人困惑的語句、詰問、謎題或對答。最有名的公案就是「一個巴掌拍出什麼聲音？」公案的用意是要逼心靈跳脫尋常的思考方式，開啟非概念層次的理解能力，才能掌握真正實相的模樣。

公案有時候也會表現在師徒問答中。在一段著名的公案中，弟子問禪師：「佛教的第一真理是什麼？」禪師答道：「若我告訴了你，那就成了第二真理了。」

或者，弟子也可能提出對於佛教教義的某些疑問，但禪師卻答非所問，反而告訴弟子今天的天氣如何，或是豆子的價格多少等等奇怪的答案。例如有一次，某個僧人問：「菩提達摩為何東渡中土？」師父回答：「柏樹在園中。」有時弟子在開悟關頭，師父甚至會採取更不尋常的激烈手段來幫助弟子開悟，例如大聲喝斥，甚至是當頭痛打；有一次，有位禪師甚至切斷了弟子的手指。據說，如果正對時機，這樣的做法反而能夠在弟子開悟的最後關頭，助他們一臂之力。

妙不可言？

禪宗說要超越理由、超越理性、超越邏輯、超越概念、超越表達。但如果真是如此，那我們這些尚未開悟的凡夫俗子，又要如何評價此說呢？我們要怎麼評估這些禪學弟子的說法？如果有個人說他已經透過本能開顯出一套難以言述的真理，按先前所說，他很可能是對的。可是另一方面來看，他也可能是弄錯或是被誤導了——或者根本就是打算唬弄我們也不一定。

曾經有位僧侶問道：「何謂佛陀？」師父答道：「三斤麻布。」或許這其中真有不可思議的智慧。不過，也或許沒有。

延伸思考

⬇10. 天命感應
⬇23. 苦難的終結
⬇40. 規則、規則、規則……

27 要你殺人就殺人

上帝所要求的就是善；上帝所禁止的就是惡。誠實之所以是善，是因為上帝的要求；憎恨之所以是惡，也是因為上帝的禁令。如果上帝命令我們彼此憎恨，那麼憎恨就會是善；如果上帝禁止我們誠實，那麼誠實就會是惡。至少，中世紀哲學家奧坎（William of Ockham, 1285-1347）是這麼說的。

歐緒弗洛大哉問

上帝之所以命令我們做某些事，是因為那些事本身就是善的嗎？還是說，事物之所以為善，是因為上帝如此要求呢？自從柏拉圖在對話錄《歐緒弗洛篇》（*Euthyphro*）中提出了這個問題以來，哲學家與神學家就一直對此爭論不休。

大多數人都會選擇第一種回答，也就是認為上帝之所以會命令我們做某些事，是因為那些事本身就是好的。不然的話，善就會是完全依賴上帝一時的喜好，因而變得十分武斷任意了。的確，我們很難想像有誰會支持第二種答案，認為事物之所以為善，完全是因為上帝如此下令。不過，確實有不少哲學家採取這種立場，其中最具代表性的，就是英國的方濟會修士奧坎。

奧坎的萬能上帝

奧坎是個飽受爭議的人物。他曾經被控為異端，而且在一連串關於方濟會守貧的爭執後，被教宗若望廿二世驅逐出教。不過，奧坎確實是個優異的思想家，寫出了不少重要的邏輯、物理學與神學著作。今日他最廣為人知的，就是他所主張的「若非必須，不可增添實體」，現在通常稱為「奧坎剃刀」原則。

奧坎對歐緒弗洛問題的處理方式也同樣備受爭議。他說，上帝是萬能的；換句話說，上帝有能力做到任何事；而既然上帝是萬能的，就不可能有任何事物能限制上帝；上帝可以毫不受限地選擇與從事任何事；所以，儘管上帝要求我們要誠實、仁慈等等，但是上帝不論在過去或現在，都可以禁止我們這麼做。

對上帝來說，沒有什麼必須依循的外在標準；祂的意志就決定了什麼是善，什麼是惡，什麼是對，什麼是錯。這個看法有些違反直覺，而且可能推論出如果上帝說謀殺和虐待是道德上的善行，那麼祂就會命令我們謀殺或虐待其他人的恐怖結論。不過，奧坎卻認為，這是接受上帝萬能的必然結論。

良善與自由

時至今日，主張除非上帝命令，否則就沒有美善事物的這種哲學學說，被稱為**神律論**（*divine command theory*）。我們大多數人都會覺得這種主張不可置信，因為我們很肯定某些事物的對錯是因為這些事物本身，而不是靠上帝的旨意決定。但是奧坎的論點是，假如有某些事物本身就是邪惡的，那麼上帝就不能夠命令我們做這些事；也就是說，上帝的能耐會受限於上帝的良善；如此一來，上帝就不是全能的了！

奧坎在哲學上與神學上的先驅聖多瑪斯（St Thomas Aquinas）也曾嚴肅考慮過這個問題，而他的結論是上帝既不會行惡，也不會命令我們為惡。這並不是因為上帝受到了任何的外在限制，而是由於上帝的本性所致。由於上帝本身是絕對仁慈的存有者，所以祂總是只行善，也總是要求我們為善。

聖多瑪斯所採取的進路試圖要同時維護上帝的良善與自由，但是奧坎卻拒絕了這種做法。奧坎堅稱上帝是**最**自由的存有者；也就是說，上帝的自由是最大可能的自由；因此，上帝絕對可以做到任何事而不會導致邏輯上的矛盾。

上帝是善良的嗎？

奧坎的理論中最大的問題，就是我們稱呼上帝或上帝的命令是善，究竟是不是真的毫無道理可言？當我們說上帝是善的時候，其實差不多就只是說上帝是一致的：上帝的行動會合乎祂自己的命令。同樣地，當我們說上帝的命令是善的時候，差不多只是說祂的命令就是祂自己的命令。

為基督教辯護的小說家兼學者魯易斯（C. S. Lewis）就曾經在〈主觀主義的毒害〉（"The Poison of Subjectivism"）中精闢地指出這一點。他說：「如果善的**定義**就只是上帝的命令，那麼上帝的良善就是一串毫無意義的字眼，因為一個無所不能的惡魔也可以對我們自稱是『正義的主宰』了。」

延伸思考

⬇7. 圓滿的完美

⬇13. 地獄裡的小寶貝

⬇31. 肩負重任！

28 —桶中的大腦

哲學教授都很喜歡這個思想實驗。想像一下，有個邪惡的科學家把你的大腦移出體外，放到一個裝滿化學藥劑的桶子裡，並連結上一部威力強大的電腦。這部電腦會傳送一些電子訊號到你那顆還活著的大腦，讓你彷彿擁有實際世界中的經驗一般。這部電腦中的程式運算非常複雜，能夠完美模擬日常生活中的視、聽、嗅、觸、嚐等種種經驗；簡而言之，這部電腦能創造出一個虛幻但是完全可信的互動世界。

在這個虛擬世界中，你可以四處走動、拿取物品、享用食物、和朋友聊天、和配偶做愛、讀哲學書，甚至可以出國度假。嗯，至少你**認為**你真的可以做到這些事，可是事實上，你只是個桶子裡的大腦。

到目前為止一切都還好，有趣的還在後頭。你可以確定前面這個故事的的確確不是真的嗎？你有辦法知道你真的**不是**一個桶中的大腦而已嗎？

這是個無解的難題嗎？

桶中大腦這個難題其實就是現代改編版的笛卡兒思想實驗。笛卡兒在他原本的思想實驗裡想像一種可能的情況：有個惡魔般的「邪惡天才」故意在他腦中灌注了幻覺，讓他能體驗到所有的經驗。哲學教授喜歡這個思想實驗的原因，是因為這故事很容易讓學生開始質疑我們習以為常的經驗因果假設，也會使他們開始質疑預設外在世界的存在與性質是否可靠。

要證明桶中大腦這個假說為假，是出了名的困難，甚至是不可能成功的事。為什麼呢？嗯，因為如果這個假說**是**真的，我們的所有經驗仍舊會與現在的經驗一模一樣；可是如果我們不能證明桶中大腦為假，那麼我們就似乎不能真正知道關於外在世界的任何事物了。畢竟，我們連外在世界是否存在都沒辦法確定了呀！

解釋經驗

雖然我們幾乎不可能**證明**有個充滿不同物體的外在世界存在，但是有許多人卻認為這是對我們感覺經驗最簡單、最合理的解釋方式。不過，不見得人人都同意這種想法。

我們在第十五章〈萬物都在心靈裡〉提過，巴克萊自認有好理由可以否認物質事物的存在，還宣稱存在的只有心靈與其觀念而已。在巴克萊的世界裡，上帝扮演的角色不像是桶中大腦這個故事中的邪惡科學家，可是卻比這個邪惡的科學家擁有更加龐大的恐怖力量。大多數人都會覺得巴克萊對於實存界有何性質的想法非常詭異，但是還有比巴克萊的觀念論更詭異的學說，我們稱之為**唯我論**（*solipsism*）。

唯我論

唯我論者所相信的是，只有自我才是唯一存在著的。如果我是個唯我論者，那麼我相信的就是這整個世界都是由我的心靈和心中的內容所構成。同樣地，如果你是個唯我論者，那麼你相信的就是整個世界都只由你的心靈與其中的內容所構成。不過，如果我們兩個都是唯我論者，那麼唯我論顯然就不是真的，而我們兩個也就都搞錯了。

堅定的唯我論者會認為一切事物（像是岩石、房屋、樹木、書本、醫院、交響曲、科學理論、冰過的甜甜圈、卡通人物荷馬・辛普森、朋友、家庭，甚至自己的身體）都只存在於自己的意識之中。世界對他來說，就只有唯一一個心靈和這個心靈之中的內容——也就是他自己的心靈。除此之外，沒有別的了。什麼桶中大腦、邪惡科學家、欺騙人的魔鬼，甚至是上帝，這些全都不存在。

認真想想，其實唯我論還滿搞笑的。有個老故事說，有位大學講師在介紹唯我論時，講得令人目眩神迷，結果下課後有好幾個學生留下來說自己完全被課堂上的論證說服，全都成了唯我論者。「這倒真是個新聞，」那名講師說：「一個唯我論者實在沒什麼機會可以跟其他唯我論者說到話呢！」

擁護唯我論

要證明唯我論為假，大概就跟要否證桶中大腦的假設一樣難。但是，有沒有什麼理由可以讓人真的**變成**一個唯我論者呢？嗯，假設你現在被桶中大腦的說法給說服了，所以你只相信你所知的一切其實都只是自己心中的內容；這麼一來，如果你只願意承認那些你可以確知無疑的事，那麼你就會是個唯我論者了。

笛卡兒曾寫道：「不管什麼奇怪、不可信的鬼話，都有哲學家說過。」可是唯我論這理論實在太奇怪、太不可置信了，難道還真的有哲學家這樣說過嗎？

雖然沒有哪位大哲學家真的是個唯我論者，但是至少有位大哲學家倒是認識一個唯我論者。羅素（Bertrand Russell）在《人類的知識：關於其範圍與界限》（*Human Knowledge: Its Scope and Its Limits*）中說：「我有次收到傑出邏輯學家富蘭克林女士（Mrs. Christine Ladd Franklin）的來信，說到她自己是個唯我論者，但是卻對沒有其他唯我論者這件事感到意外。從一個邏輯學家和唯我論者的信裡讀到這句話，倒真的讓我為她的『意外』感到意外。」

延伸思考

⬇ 9. 橘子不是橘色的

⬇ 15. 萬物都在心靈裡

29　哈利波特真的存在

哈利波特真的存在。我證明給你看。想一下底下這句話：「哈利波特不存在。」怎麼樣？這句話顯然是在談哈利波特吧？可是一句話如果要能夠**談到**某個事物，就必須得真的有**那個事物**存在才行。所以說，「哈利波特不存在」這句話剛好自我矛盾，也就是說，哈利波特真的存在！

你可能會說，「哈利波特不存在」這句話並沒有談到哈利波特，這句話根本沒有談到任何事物。可是如果一句話沒有**談到**任何事物，那就根本沒有**說出**任何事。但是「哈利波特不存在」這句話顯然**確實**說出了某件事。所以這句話必定**談到**了某個事物——也就是哈利波特。

或許你可能提出另一種反駁，說：好，就算這句話**真的**談到了某個事物，也就是哈利波特，但是這並不是指那個活生生的小巫師，而是指「哈利波特」這個**概念**。可是如果是這樣的話，「哈利波特不存在」這句話顯然就是假的了，因為「哈利波特」這個概念確確實實存在呀！

所以說，我們永遠不可能說哈利波特不存在。因此，哈利波特的確存在。

方形的圓和聖誕老人

要介紹嚴肅的哲學議題，其實有個絕不嚴肅的話題屢試不爽：**否定存在語句**（*negative existential*）的問題。

否定存在語句指的是否定某個事物存在的語句，例如「哈利波特不存在」、「沒有聖誕老人」、「方形的圓不存在」、「沒有最大的質數」等。打從遠古以來，這種語句就讓許多哲學家搔首撓耳不得其解，因為雖然這些語句看起來有些確實是真的，但是仔細想想，卻會發現這些語句其實沒有一句為真。

這問題的麻煩在於為了要說出某個事物不存在，我們就得有個談到那個事物的語句。我們必須指稱那個事物。可是，我們沒有辦法指稱一個不存在的事物。所以說，要否定那個事物存在，我們所表現出來的樣子卻恰恰是肯定了那個事物確實存在。

存在與潛存（subsistence）

奧地利哲學家麥儂（Alexius Meinong, 1853-1920）提出了一套標榜能夠解決否定存在語句這個難題的對象理論。麥儂說，有些事物的確不存在，但它們卻屬於另一種存有狀態；也就是說，這種事物雖不**存在**（*exist*），卻**潛存**（*subsist*）著。

「潛存」這個概念要多花點力氣說明。根據麥儂的說法，屬於存有的事物包括了：椅子、樹木、岩石、世上最高的人、最小的質數、「黃金山」，還有哈利波特等等。但是這些事物並非全都屬於同一種存有。椅子、樹木、岩石、世上最高的人是時空中的具體存有，它們確實存在；而最小的質數、黃金山、哈利波特則不是時空中的存有，它們的存有狀態就稱為潛存。而無論是存在著的事物或潛存的事物都有某種特徵，也就是我們能夠說出一些談論到這些事物的真語句，例如：「世上最高的人長得很高」、「最小的質數是偶數」等等。

麥儂的理論可以輕鬆解決否定存在語句的問題。再回想一下「哈利波特不存在」這句話吧！這句話到底指涉什麼東西呢？我們說這句話所指的是哈利波特這個**對象**。而這句話又說了什麼關於這個對象的事呢?這句話說那個對象並不存在。這句話顯然為真。哈利波特這個對象並不存在,因為它只是潛存著而已。

不過值得注意的是,麥儂也主張有些對象既不存在,又非潛存。方形的圓就是個例子。方形的圓也有某些屬於它的特徵,就跟其他事物一樣。所以我們可以說「方形的圓是方形的」和「方形的圓是圓形的」,這兩句話都為真。但是「方形」和「圓形」這兩種特徵彼此矛盾,所以不可能有這個對象,這個對象不會屬於任何存有狀態。

羅素的反駁

麥儂的對象理論實在太有趣了,一時之間蔚為風潮;不過,這套理論最終卻遭到英國哲學家兼邏輯學家羅素徹底推翻。

羅素說,像麥儂這樣的思想家在假定獨角獸、黃金山,或這章開頭所說的哈利波特是屬於某種存有時,其實是受到了文法的誤導。這些思想家認為,由於我們能夠提出關於這些對象的真命題,所以這些對象必定屬於邏輯上的某種存有。

不過，根據羅素的說法，「哈利波特」並不指稱任何實有物，也不指稱任何不在時空之中的存有。相反地，「哈利波特」這個詞就只是個有著描述作用的語詞。「哈利波特存在」這句話的意思是指，有某個東西（而且只有唯一這麼一個東西）是個額頭上有著閃電形狀疤痕的小巫師，在霍格華茲學院就讀，還養了一頭叫「嘿美」的貓頭鷹等等。

同樣地，「哈利波特不存在」這句話就是指，沒有任何東西合乎這個描述：是個男孩、又是個巫師、額頭上有著閃電形狀疤痕等等。這個語句之所以直接為真，是因為現實世界中**確實**沒有任何事物能夠合乎這個描述。

所以，按照羅素所說，哈利波特甭說要能潛存了——他根本就不存在！

延伸思考

➡5. 什麼都不會改變

➡36. 第三種世界

30 你怪不了任何人

想像一下底下的情境：克莉絲汀有天下班開車回家時，一時不慎闖了紅燈，所幸當時路上沒有其他人車，沒有人受傷。不過，當天稍晚，瑪格麗特在開車回家的路上也一時不察，闖了紅燈；不幸的是，當時有位正在過馬路的老先生，被瑪格麗特的車子迎面撞上，當場送命。

好，現在請你捫心自問：瑪格麗特是不是比克莉絲汀更壞的人？瑪格麗特的行為是不是更該受人譴責？

道德運氣

像這樣的問題總是會引起一些負面反應。我們大多數人都認為，不論要稱讚或譴責某個人，都應該只根據那個人的行動內容而定，而不是憑那項行動的結果來斷定。克莉絲汀和瑪格麗特都犯了同樣的錯，所以都同樣該受人譴責，而且她們也因而處在相同的道德地位上。

然而實際上，人們行動的結果往往深深地影響我們如何對他們做出判斷，就算那些行動的結果大部分要歸因於機運也一樣。我們的道德直覺是一回事，但是事實上，我們就是會認為「運氣差」的瑪格麗特要比「運氣好」的克莉絲汀更糟糕。

當代的美國哲學家內格爾（Thomas Nagel）發明了「道德運氣」（moral luck）這個詞來描述上面所說的這種情況。就算某個人的行動或是那項行動的結果顯然不在他掌控之內，但是當我們對那項行動或是其結果予以不同褒貶時，道德運氣就會產生影響了。

內格爾認為道德運氣是種複雜、弔詭的現象。一方面，依據人們無法掌控的事項而給予褒貶似乎是不理性的；但是另一方面，我們又確實會這麼做。

道德運氣的種類

我們想得愈深入，就會發現運氣在我們道德判斷中扮演的角色愈形吃重。首先，有所謂的**天生運氣**（*constitutive luck*）。這是指個人天生的品格或性格。有些人似乎與生俱來就特別仁慈、有同情心；有些人則是天生冷酷自私。

不過，沒有人可以選擇他們天生有什麼樣的品格。所以說，一個人會有什麼樣的天性，不過是運氣的產物。

其次，也有所謂的**情境運氣**（*circumstantial luck*）。這有一部分和一個人是不是在正確的時刻出現在正確的地方，或是在不當的時機出現在不當的地點有關。內格爾舉了個例子，納粹德國的一般國民必須選擇自己是否要反抗納粹統治，還是要「為虎作倀」。「他們大多數人之所以該受責備」他寫道，「是因為他們無法通過這項考驗。」其他國家的國民在相同情境下可能也會做出同樣的壞事，只不過他們的運氣比較好，處在不同的情境裡，因此才不必做壞事。所以說，他們也才不必被責備。

情境運氣還有另外一個側面，涉及了個人的行動結果，因為行動會有何結果，可能是由運氣所導致。回到我們先前所提的例子，克莉絲汀和瑪格麗特都犯了同樣的駕駛疏失，可是我們卻會認為瑪格麗特遠比克莉絲汀糟糕——也因此罰她罰得更重。

道德褒貶

可以說，運氣事實上決定了我們的**一切**行動。理由是這樣的：形成我們品格的力量有二，一是天性，一是教養。天性會受到天生運氣所影響，而教養則會受情境運氣所左右。所以說，我們會有什麼樣的品格，都是受運氣所決定。好，那麼既然我們的行動都是由品格與外在環境來決定，而品格與外在環境又都受到運氣操弄，那麼我們的一切作為最終也就都是由我們無法掌控的一切所決定了。

不過，如果這是真的，那麼我們又怎麼能夠譴責他人的所作所為呢？要一個人對他自己無法掌控的事受到譴責，這擺明是錯的呀！這麼一來，我們對人們的**任何**褒貶，就全都做錯了！

不過，這並不表示我們不能夠慶賀或是鄙夷他人的所作所為。我們還是可以欽佩某些行動，厭惡某些作為。但是如果運氣真的決定了一切，那麼我們或許真的只能夠說無論任何事，我們都怪不了任何人了。

延伸思考

1. 不是真的「壞」

31 肩負重任！

想像一下，你正坐在家裡看電視，突然看到一則廣告，希望你捐款幫助在一場天災中受難的災民。你看著畫面裡的那些斷瓦殘垣，愁容滿面的男男女女，還有不停哭泣的孩童，不禁惻隱心動，拿出信用卡來，照著指示捐出了一筆可觀的數目。不過，你這麼做能夠說是有德之舉嗎？

當然，答案自然是肯定的。你就是因為感同身受，才會捐出那麼大筆錢去幫助不幸的人嘛！這難道還不算是道德行動的榜樣嗎？在康德（Immanuel Kant）看來並非如此。照康德所說，出於同情而為的行動並不必然有德，而**純粹出於同情之舉更是毫無道德價值可言。**

道德的根基

康德在《道德形上學之基礎》（*Groundwork of the Metaphysics of Morals*）一書中，試著發掘出得以鞏固道德的根本原則。不過，他倒不過問什麼樣的人在什麼樣的情況下應該做什麼，而是追問在所有情境中，所有行為者的所有行動都應該根據什麼樣的標準來予以評判。

打個比方，我們可說都知道人應該要信守承諾。可是我們是**怎麼**知道的？這顯然不是從經驗中學習得來：我們不是只觀察人們事實上怎麼做就知道了。因為即使我們發現有不少人違背諾言，但是他們還是**應該**要遵守承諾才對呀！

可是如果道德判斷不是根據經驗，那麼這些判斷的根據又在哪裡？康德的答案是：那一定就在於理性。他寫道：「義務的基礎必定既無法從人性之中尋獲，也不能從『人類所處的』世間情境中發現，而……只能在純粹理性的概念中求得。」

善意志

康德從一項觀察開始他對於道德的探究。他發現：「除了善意志之外，我們無法設想在這個世界上，或是在超越這個世界之外的世界，會有任何事物可以稱為毫無限制的善。」

我們可以稱很多東西為善，例如：財富、慷慨、勇氣、才智、美貌等。但是這些事物全都可以拿來達成某些邪惡的目的。因此，這些事物都不是無限制的善。事實上，世上唯有一個事物才是毫無限制的善，那就是善意志。

善意志的善，是即使在未能遂成其目標的情況下，仍然絲毫不減的善。我們可以有做出善良行動的意志，而且，就算我們受環境所迫而無法有所作為，但那份意志本身仍然是善。或者，我們也可以有意做出善良行動，但即使這行動出現了意料之外的不幸結果，這份意志本身也依舊是善。

依照康德的說法，我們能被稱為善或惡，不是因為自身的傾向、情感反應或環境，而是由我們意志的方向來決定。因此，道德真正的核心其實就是我們的意志。

為義務而為

那到底什麼才是善意志呢？康德說，善意志就是為了責任而行動的那份意志。

康德強調，一份意志之所以為善，不是因為這份意志所做出的行動合乎責任要求，而是在於這個行動是要完全為了責任本身而為。他為此特別舉了個例子說明。有個商人不敲顧客的竹槓，這種情況叫作**合乎義務**（*in accordance with duty*）。換句話說，這名商人所做的就只是剛好合乎義務的規定而已。可是這名商人之所以這麼做，說不定只是因為這樣做對生意比較好，或是這樣才不會惹禍上身罷了。在這種情況下，他就不是**為了義務**（*for duty's sake*）才這麼做；他不是因為童叟無欺本身就是對的事才這麼做。

康德說，意志只有在出於義務而為的情況下才是善；而行動也只有在為了義務而為的情況下，才可說具有道德上的善。這個想法實在是出人意表。我們舉個例子來看好了：想像一下，麥克和蘇兩個人會輪流去探訪他們年邁的獨居伯父。天性純良的麥克一想到伯父孤伶伶地坐在家裡就於心不忍，所以頻頻造訪；而鐵石心腸的蘇倒是寧可不去，覺得自己應該要去探望時才勉為其難。

在這種情況下，康德會說只有蘇才是做了有道德的事。麥克那樣做只是剛好因為他的天性使然，是出於他的偏好才有此作為；但是蘇不一樣，她可是完全出於義務動機才這麼做。

這裡要澄清一下，康德並不是說麥克做錯了。他只是說，在這種情況下，麥克的所作所為並不值得給予道德上的讚揚。

很多人都認為這種把道德與情感分離的念頭實在是大錯特錯。他們主張某些情感，好比同情心和慷慨，都具有內在的道德價值。但是康德理論的一大好處，就在於這個理論肯定了即使天性並不仁慈、憐憫或慷慨的人都可以成為有德之人。按照康德的看法，只要能夠理解自身義務所在的人，就能夠成為一個實實在在的好人。

我們的義務「是」什麼？

對於康德的義務概念，還有些話需要說一說。對，你說我們應該盡到我們的義務，這說得很好。但是這話到底是什麼意思？

簡要地說，康德認為像我們這樣的理性存有者都有某些義務。這些義務是**有其定份的**（*categorical*）。換句話說，這些是毫無條件的絕對義務；無論何時何地，全都一體適用。道德這套系統，包含了這些定份的義務，像是：不可說謊、不可破壞承諾，諸如此類。但是這些義務全都可以從一條基本原則推衍得來；這條原則就稱為**定言令式**（*categorical imperative*）。

康德對定言令式有好幾種不同的表述方式。其中一種說法是：「在你行動時，只依據那些你可以同時願意當成普遍法則的準則而行動」；而另一種說法則是要我們在對待他人時，「不可將他們僅只當成手段，而要同時當成目的自身」。

延伸思考

➡27. 要你殺人就殺人

➡40. 規則、規則、規則……

32 當心你的行為

如果你聽人家說某個人「害怕蜘蛛」，你覺得這句話是什麼意思？嗯，你可能會說蜘蛛會讓那個人陷入一種焦慮的心靈狀態，所以當他看到或甚至光是想到那種會結網的八腿生物，心中就產生一種不愉快的內在經驗。除此之外，你可能還會將這種心理狀態連結到某些行為，像是：發抖、拔腿快跑、放聲尖叫等等。

英國哲學家萊爾（Gilbert Ryle, 1900-76）倒是有截然不同的看法。對他來說，害怕蜘蛛跟一個人的心靈狀態或是內在經驗完全無關，純粹只是一種與蜘蛛有關的行為傾向罷了。

萊爾是我們所謂的**行為主義者**（*behaviourist*）。在哲學術語裡，說一個人是行為主義者，指的就是這個人會否認有心靈存在；這種人會說，經過仔細分析後我們發現，所有對於心靈與心靈狀態的描述，都只不過是對於一個人實際行為或行為傾向的描述而已。

機器「才不會」鬧鬼

人們通常會認為人類（或許再加上一些其他動物）是在整個自然界中最與眾不同的一類。其他東西，好比岩石、桌子、樹木、星星、電子等，都是純粹的物質物體，只會依照物理法則運作；但是人類身上卻彷彿還擁有另外一種東西：一種無形無狀、神祕兮兮的實體，也就是所謂的心靈。

大家往往認為心靈是我們一切思想、感覺、欲望、情緒、意志的源頭與存取所在。大家都覺得這些內在狀態是徹底私密的，只有擁有這個心靈的個體才能知道裡頭蘊藏的一切內容。

但是萊爾說，這種二元論的觀點是種「天大的錯誤」。在他最廣為人知的著作《心靈的理念》（*The Concept of Mind*）中，他更嚴斥二元論是種「機器中有鬼魂的教條」。

心靈就是行為

行為主義者認為我們對於心靈狀態的每句陳述，原則上都可以被轉譯為關於實際行為或行為傾向的陳述句。所以「約翰很痛」這句話其實只是說約翰在皺眉、哀嚎、呻吟，還受到某些神經衝動的簡稱而已。同樣地，「約翰很快樂」也只是說他現在有種放聲大笑、想吹口哨的傾向罷了。

按照這種說法，約翰其實並不具有一個超越其行為表現以外的心靈。他的心靈並不會**導致**他做出任何行為；因為他的心靈**根本就是**他所做出的行為。也就是說，除了個人實際展現出來的行為或行為傾向之外，根本沒有任何心靈狀態可言。

舉例類比

萊爾用類比的方式來描繪這個看似詭異的理念。你可以想像一下，有一名外國遊客來到了牛津大學，沿途參觀了貝利奧爾學院（Balliol College）、博德利圖書館（Bodleian Library）、阿什莫林博物館（Ashmolean Museum），許許多多不同的實驗室與演講廳等等，不勝枚舉；最後，這名遊客說：「這趟行程真有意思，可是我卻沒有看到整所大學！」萊爾說，當我們看到某個人做出了有目的、可理解的舉動，又試圖要去找出在那些舉動背後操縱他這麼做的「心靈」

時，我們就犯了和那名外國遊客同樣的錯誤。

一個人的行為舉止並不能讓人更容易掌握到某種神祕、鬼魅般的心靈究竟如何運作，就像行星、樹木或電子的運動也不會讓人更能夠說宇宙有心靈一樣。一個人的行為**就是**他的心靈，完全可以公開檢驗，就如同我們要了解行星、樹木與電子的活動一模一樣。

萊爾寫道：「可理解的外顯行為表現不能當作探查心靈運作的線索；這些表現本身**就是**那些運作。」

兩種反駁

如果行為主義說得對，那麼身心關係的問題就完全可以撇開不談了。我們根本沒有必要找出心靈如何影響行為的方式，因為心靈其實**就只是**行為。但是行為主義**真的說對**了嗎？

對行為主義者最常見的一種批評，是說他們沒有辦法區分人們真正經驗到的心靈狀態和假裝體驗到的心靈狀態。約翰覺得很痛是一回事，但是約翰假裝很痛又是另一回事了。可是既然在兩種情況中，約翰都同樣在皺眉哭嚎，行為主義者就只能說這兩種狀態是一模一樣的了。

對行為主義者來說，這項批評很容易就能打發掉。真正覺得痛和假裝會痛除了表面上相似之外，其實還有很多觀察得到的差異。就算是技巧再好的演員，也沒辦法弄出真正疼痛時所發生的血壓、心跳速率、呼吸和體溫變化。所以這名演員所展現出來的行為，事實上就代表了他真正的心靈狀態：他正在裝痛。

對於行為主義還有另一種更強烈（其實是更徹底）的批評，說行為主義雖然可以輕易套用在看待他人的心靈狀態上，但是卻絲毫不能夠適用到對我們自身的了解。舉例來說，我在說「我覺得痛」的時候，我不只是在皺眉、哭嚎和呻吟而已，這句話的意思是我事實上真的**覺得**痛。行為主義忽略了疼痛最重要的一個面向：是真的會痛啊！

如果行為主義說得對，我們就得透過觀察我們的行為才能了解我們的心靈。但是事實上，我們不用如此也能知道我們到底在想什麼、感覺到什麼。我們是真的可以直接掌握到自己的心靈狀態。有則經典的哲學笑話說得好：**有兩個行為主義者在做愛；完事後，一個行為主義者對另一個說：「哇！你剛才的**

感覺真是太棒了！那我的感覺咧？」

延伸思考

➡18. 機器鬧鬼

33 交換身體

某天夜裡，有個王子的靈魂突然出竅，鑽進了一名鞋匠的身體裡。請問當隔天早上，這名鞋匠醒來時，到底是誰在這軀體裡？提出這個問題的英國哲學家洛克（John Locke, 1632-1704）說，醒來的這個**人體**（*man*）雖然是鞋匠，但是真正醒過來的**人格**（*person*）其實是王子。

洛克是在《人類悟性論》（*An Essay Concerning Human Understanding*）談到人格同一的段落時，提出了這個交換身體的問題。在哲學討論中，人格同一問題所關心的，就是人怎麼能在時間變化中維持同一自我的這個問題。例如，究竟是什麼東西使得我這樣一個中年禿頭的大叔，竟然與多年前那個毛髮濃密的帥哥會是同一個人呢？

沙粒與橡樹

洛克在討論人格同一這問題前，先從非生物和其他生物的同一性問題談起。他說，非生物的同一性完全建立在其物質結構上。例如，一粒沙子只要構成這粒沙子的原子組合不變，就會一直是同一粒沙子。這就表示，只要拿掉任何一個原子，這粒沙子就再也不是同一粒沙子了。

不過，對於生物的同一性來講，情況就不是如此了。洛克說，生物的同一性並不仰賴其物質結構，因為構成生物的物質結構一直在改變；生物的同一性建立在其功能組成上，也就是能讓這生物「延續同一生命」。一棵橡樹從一株幼苗長成了參天巨木的過程中，之所以還會是同一棵樹，是因為這棵樹的生存部位能夠持續發揮功能。一匹小馬可以長成同一匹良駒，也是同樣的緣故。

人體與人格

至於人的同一性，洛克先區分了**人體**（*man*）與**人格**（*person*）兩個詞。洛克說，「人體」指的是一種有生命的有機體，而且就和其他生物一樣，其同一性是由延續同一生命來決定。他說：「人體的同一性無他……就只是延續著的同一生命，其物質粒子前仆後繼地聯合組成同一個有機身體罷了。」

另一方面，洛克所謂的「人格」則是指「能思考的智性存有，擁有理性與記憶，能夠在不同的時空之中都將自己（亦即同一個能思想的存有）設想為自我。」因此，人格的同一性是由意識或是心理上的持續性所決定。

也就是說，依照洛克的理論，人體維持同一性的條件其實異於人格維持同一性的條件。人體的同一性條件跟身體有關；而人格的同一性條件則是關於這個人的意識。

詭異的結果

洛克的人格同一理論產生了一些很有意思的結果。例如，假如我出了場意外，失去了過往的一切記憶，那麼雖然我還有同一個人體，卻不再屬於同一個人格了。

更古怪的是，如果我的意識不知怎地竟轉移到一頭豬的腦子裡，或是轉移到一部電腦上，那麼那頭豬或那部電腦就會變成我這個人了。更怪的是，如果我的意識是同時轉移到兩頭豬的腦子裡，既然那兩頭豬的意識都延續了我現在的意識，那麼那兩頭豬也就都變成我了！

很顯然地，這些情境都太過異想天開。不過，洛克倒不認為這種想法無足輕重。事實上，他花了很長時間在考慮我們剛剛所假設的各種詭異情境，好比本章一開頭所提到的王子與鞋匠的故事就是個例子。

何苦來哉？

人家都說洛克是個常識哲學家。所以我們難免會好奇，為什麼他會對於區分**人體**與**人格**這麼感興趣，又為什麼會為了那些古怪的思想實驗廢寢忘食？嗯，其實呢，這是因為他希望證明永生是確實可能的事。他想要證明給我們看的是，在審判日復活的時候，儘管我們有著全新的不同軀體，但是**我們**依然能夠存在呢！

延伸思考

⬇6. 萬物總是在變化
⬇34. 食人族難題

34 食人族難題

聖多瑪斯．阿奎納（St Thomas Aquinas, 1225-74）咸認是最偉大的中世紀哲學家。他結合了思想家的敏銳才思，又保有對於宗教經典的深刻崇敬，同時他還主張真正的信仰與正確的推理彼此絕不會產生矛盾。正因如此，不管在信仰與理性之間的明顯衝突到底有多麼瑣碎晦澀，他都設法努力解決。

有一次，聖雷孟（St Raymond of Pennafort）要聖多瑪斯準備一場向異教徒與不信者辯護基督宗教的講稿，結果聖多瑪斯大筆一揮，寫出了《哲學大全》（*Summa contra Gentiles*）這本傳教用的神學手冊，運用了極為嚴謹縝密的哲學分析來支持基督宗教的啟示真理。而在這部鉅作的上百項論題中，竟然有一部分是對食人族所做的詳盡辨析。先別誤會，聖多瑪斯不是因為要建議傳教士怎麼樣可以不被食人族吃掉才寫這一段，而是因為這件事涉及了神學一個難解的問題：死後的復活。

復活的傳教士

請想像一下底下的場景：有一名傳教士被食人族吃掉了；多年以後，天使吹響了末日號角，死者都從死裡復活，準備接受最後的審判。一般說來，對萬能的上帝來說，要復活一具屍體並不是什麼難事，只要把每個人按照原本的質料拼湊起來就好（雖然此時這些質料可能早就分散到世界各地了）。可是對食人族吞下肚裡的傳教士肉身來說，到底這些肉塊應該在復活的時候歸給傳教士，還是歸給食人族呢？

這個問題對我們來說有點老掉牙，但是對聖多瑪斯來說，這可是至關緊要的問題，因為「如果不是每個人都能夠恢復曾經擁有的模樣，那麼復活也就不是普遍而完整的了」。不過，依據他的判斷，那名傳教士確實不必為這個問題擔心，因為「被吞食的肉體在復活時，會歸於原本就因理性靈魂而完滿的那個人」。

復活的食人族

那吃了傳教士的那名食人族又會怎麼樣呢？他又要怎麼復活？向來總是打破沙鍋問到底的聖多瑪斯考慮了兩種情況：⑴這名食人族除了吃人肉之外，還會吃其他食物；⑵這名食人族只靠吃人肉維生。

聖多瑪斯說，在第一種情況裡，這名食人族「復活時……只會由其他食物獲得的質料所組成」。也就是說，當他復活時，他的身體會有些缺陷，不過上帝一定會幫他補全的。至於第二種情況裡的這名食人族，「只會依照父母生出他時的模樣復活」，而且「他的一切不足也會由全能的造物者補全」。這背後的道理似乎是這名食人族只有在受孕當時，或是還在子宮內的時候所獲得的身體才真正算是他的身體。

復活的食人族後代

解決了食人族和那名可憐的傳教士死後復活的問題之後，聖多瑪斯進一步設法解決最終極也最棘手的問題：如果只吃人肉的這名食人族，他的父母也只吃人肉維生，那他又會如何復活？這有點像是前面提過的第二種情況，只是更為複雜。畢竟，嚴格來說，他身上的血肉很難說真的是出自父母所給的。

聖多瑪斯說，這名食人族還是會以父母生下他時的身軀復活，雖然說到底，這副血肉還是來自於被吃掉的那些人。但如此一來，那些被吃掉的人在復活時，不就少了某些構成身體的質料嗎？聖多瑪斯說，不用擔心，「他被吃掉的血肉終將會透過其他來源補足。」

難以接受

儘管聖多瑪斯對於食人族難題的回答相當徹底，但是這些答案實在太過混亂，令人難以接受。他把復活這回事弄得好像需要很複雜的肉身交換——而且說真的，這也有點過於武斷。再說，每個復活的情況或多或少都會有些缺陷，上帝遲早也必須用到一些不是原本的質料來彌補。

不過，聖多瑪斯倒不把非原本質料這件事當成問題。他寫道：「一個人原本是由什麼質料所構成，不需要完全隨他一起復活；反正……如果有什麼欠缺的，上帝的力量都能補足。」可是若果真如此，那他一開始又何必擔心這個問題？為什麼他要這麼在乎人人都能夠保有至少原本身體的一部分呢？

這問題的答案，是因為他相信一個人除非至少有**某些**物理上的連續性，否則就不可能有同一的人格。因此，在復活之際，那副肉身至少要有最低限度的原始質料才行。這個條件就是所有麻煩的源頭。

再探王子與鞋匠

聖多瑪斯並不是唯一擔心食人族怎麼復活的哲學家。聖奧斯定在距他將近一千年前就曾討論過同一性問題（而且也得出了相近的結論）。到了十七世紀，洛克也對這問題提出些看法，他說自己在王子與鞋匠交換靈魂這例子中所分析得出的人格同一性主張，可以解決這個食人族難題。何以見得呢？因為根據他的分析，人確實可能在另一副軀體裡復活，卻還是能保有同一個人格呢！

延伸思考

➡6. 萬物總是在變化

➡33. 交換身體

➡39. 終極的惡

35 ── 哲學？鬼扯！

休謨在《人類理解力探究》（*An Enquiry Concerning Human Understanding*）中，對於我們能夠知道的事物種類，以及我們如何得知這些事物的方式，做了極為詳盡的考察。而他最令人震驚卻又極具說服力的結論，就是哲學中有一大部分根本是鬼扯！兩千多年以來，像柏拉圖、聖奧斯定、聖多瑪斯還有萊布尼茲，全都信誓旦旦地大談特談上帝、靈魂、絕對的道德價值等等；但這些全都是空話、胡說，或者用休謨的話來說，根本就是堆「詭辯和幻覺」。

兩種探究領域

休謨說，人類的理性只對兩種對象有效，也就是說，人只有兩種恰當的探究領域。他稱這兩個領域為**觀念關係**（*Relations of Ideas*）以及**事實內容**（*Matters of Fact*）。

幾何學、代數與算術等學科都是關於觀念關係的學問，我們在這些學科中能夠依靠直觀或是證明來獲得確切的知識，而這些知識更可以完全透過思想運作而發現。打個比方，畢氏定理說一個直角三角形的斜邊長平方等於其餘兩邊長的平方之和，這句話就表達出了在**三角形**、**直角**、**斜邊**這些詞項之間的關係，而且任何人只要能完全掌握這些詞項的意義，就必定能夠懂得此一關係的證明。

相對於此，物理學、化學、歷史、地理等學科，就都是屬於事實內容的學問。我們從這些學科中學習到的知識都是透過經驗而來，靠的是我們對世間事物實際上究竟是什麼模樣的探索，而這些知識也絕不是完全地穩固。舉例來說，在物理學中會說：「不同的磁極會互相吸引。」但是我們之所以知道這句話為真，是因為我們經常觀察到事實上不同的磁極之間確實會彼此互相吸引。不過這項知識並非絕對確定，因為我們完全可以想像在未來的某個情境裡，竟然出現不同磁極之間互相排斥的情況。我們沒有辦法證明「同性相斥、異性相吸」這項原理**必定永遠**為真，我們只能夠說這項原理至少到目前為止**一直都是**真的。

休謨的叉子

休謨的推理到目前為止看似直截了當，無可辯駁。不過，他從這裡開始更進一步——而且是真的很誇張的一大步。

他說，人類的理性只對兩種對象有效：觀念關係和事實內容。這就是說，如果我們遇到了任何可能的知識對象，我們可以自問：

1. 這是從可以證明的觀念關係中推衍出來的嗎？

還可以問：

2. 這是可以靠經驗來確認的經驗事實內容嗎？

如果對這兩個問題的答案都是否定，那麼這個知識對象就根本稱不上是知識。

這項簡單卻有力的原則通常稱為「休謨的叉子」。不過，這原則其實也可以叫作休謨的刀子，畢竟這原則一拿出來可就砍掉了不少胡言亂語。如果我們同意這項原則是正當合理的，那我們就必定要放棄許多著名的哲學想法，包括我這本書裡提到的眾多理論。所有關於上帝、來生、人類靈魂有何性質等等虛無縹緲的說法，全都擺明了是一堆鬼扯！

為什麼？因為這些東西都不是理性能探究的有效對象啊！我們既推理不出這些事物的任何內容，也無從學起。這些東西不能藉由我們在邏輯或數學教科書裡學來的抽象推理來探究，也不能透過經驗觀察或測試來了解。所以，這些東西根本就不能被理性來探究。

夢境裡的哲學

不消說，柏拉圖、聖奧斯定、聖多瑪斯，還有萊布尼茲的信徒絕對會嚴正駁斥休謨的這種批評。畢竟，就算是他們最深奧難解的形上學理論，也都是結合了抽象和經驗推理才能得出——而這不就是休謨的叉子的那兩個叉尖嗎？

不過，休謨大概會回說，他們在運用這些方法時，不夠小心在意（而且也不夠謹守理智的界限)。他們在進行哲學上的抽象推理時,並不像他們在數學中的推理那樣清晰不紊,而他們的經驗推論又往往得出了超乎日常經驗的結論。

休謨拿馬勒布朗士的機緣論來當例子。馬勒布朗士的理論我們在第十九章已經看過了,而休謨說,這個學說絕對沒辦法說服「足以認清人類理性的缺陷,以及理性所受到的狹隘限制」的任何人。在這些理論裡,「直到抵達理論的終點之前,我們都像進入了漫長的夢境一樣;我們既沒有理由相信一般的論證方法,也不能夠認為尋常的類比和可能性會具有任何權威。」

延伸思考

➡19. 怎麼會這樣?
➡22. 你預測不了未來
➡37. 沒什麼好討論的

36 第三種世界

在哲學中最難解的謎團之一，就是這世界上到底有多少種事物？有些採取**一元論**（*monism*）的哲學家說，這世界上只有一種事物。例如**唯物論者**（*materialists*）就說一切都是物質所構成，而**觀念論者**（*idealists*）會說萬物都是心靈的產物。另一些採取**二元論**（*dualism*）的哲學家則又宣稱，世上的萬物分為兩種。例如我們所見過的笛卡兒就說，既有心靈也有物質。

奧地利裔的英國哲學家卡爾．波普（Karl Popper）既非一元論者，也不是二元論者，而是個**多元論者**（*pluralist*）。他將世界區分為三種領域，分別標為第一世界、第二世界和第三世界。

第一世界包括了各種有形物體，例如岩石、樹木、星辰、動物，也包括一些無形事物，像是力、輻射、能量等等。第二世界則是指由思想、感覺、欲望和其他心靈現象所構成的心靈或心理世界。但除了這兩種世界之外，波普說，還有第三世界。第三世界包含了人類心靈的各種產物，像是語言、故事、科學理論、倫理價值、歌曲、交響樂、繪畫等等。根據波普的說法，這些也都是真實事物。換句話說，這些事物都確實存在。

思考的過程與產物

波普說，我們要明確區分「屬於思考過程的世界，以及屬於思考過程之產物的世界」。

舉例來說，假設我來努力學習愛因斯坦的特殊相對論，在學習這套理論時，我可能會歷經許多不同的思考過程。最後，我可能總算掌握了這個理論的內容，但我所掌握的這個內容並不是思考過程，而是這連串思考過程的產物。

思考過程屬於個人主體。所以你了解愛因斯坦理論的方式可能跟我掌握的方式不同。不過，這影響並不大。真正重要的是這個理論在邏輯意義上的**內容**，這就不會是屬於個人主體的東西，而是我們可以檢驗、討論、同意、辯論和批評的事物了。

思考過程屬於第二世界，是主觀的事物；而思考過程的產物則是第三世界的事物，而且是客觀的。

貝多芬的第五號交響曲

貝多芬的第五號交響曲也是人類心靈的創造成果，所以也是第三世界的事物。而這首交響曲也和其他第三世界的事物一樣，都要靠第一世界的事物來體現，例如音符、ＣＤ唱片、音樂家腦中的旋律記憶等等。因此我們可以說這首曲子是由許多具體的第一世界事物所體現出的第三世界抽象事物。

唯物論者反對這種說法。唯物論者會說，沒錯，這些具體事物都存在，可是那個抽象事物並不存在。我們的確經常將第五號交響曲**說得**好像是某個存在的東西，可是追根究柢，這個被稱為「第五號交響曲」的東西其實都只是某一組具體事物（好比現場演奏或ＣＤ錄音）的集合。

二元論者會同意唯物論者關於具體事物的說法，但是他們仍會說不同的心靈或心理事物也同樣存在。對二元論者來說，聽見、享受、期待或是回憶第五號交響曲的主觀經驗也是真實的。不過，二元論者與唯物論者一樣，都會否認真的有「第五號交響曲」這個事物本身存在。

然而，波普卻力排眾議，堅稱第五號交響曲中的確有某種超越這些物理和心靈事物之外的東西。當我們在說第五號交響曲是首很棒的曲子時，並不只是說很多人都對這首曲子所記載的音符、或是這首曲子的CD錄音或現場演奏有著類似的正面感受。我們是真的在說「第五號交響曲」這東西，而且這曲子真的很棒！「第三世界的事物因此可說是種真實的理念存在，亦即它雖然存在，卻不位於任何地方，而且它的存在就表現在它能夠藉由人類心靈而演繹出來。」

第三世界的事物為何是真的？

說得好，說得太好了！但是這樣的說法並不能真的**證明**第三世界的事物是真的呀！還好，波普其實藏了一手他自認極具決定性的王牌論證。他說，我們都知道第三世界的事物為真，因為這些事物對於其他物理對象（也就是第一世界的事物）會在因果關係中造成影響。

這個想法得好好解釋。到底我們說「某個事物是真的」所指為何？嗯，在最基礎的層面上，「這個事物是真的」是指我們能夠碰觸、掌握到這個東西，也就是我們平常會接觸到的對象。我們可以把這個概念延伸到一些比較沒那麼具體的東西上，像是力、輻射等能與其他一般物體互動或造成因果影響的事物。

既然如此，那麼說到底，說一個事物為真，就表示它能夠對其他物體造成因果上的影響。波普說，第三世界事物就是如此啊！科學理論對於物理世界造成了無可估量的影響。拿特殊相對論來說好了，它可是造出了原子彈呢！各種意識形態也都在形塑著現實世界。想想希臘神話和美國憲法對於人類所帶來的衝擊，還有它們因此而對這個世界造成的改變吧！

的確，第三世界的事物不像日常物體一樣具有形體。但是波普說，這並不影響它們的真實性：「它們之所以為真的道理，就和物理學家說物理上的力和力場是真的，或是說它們確實存在一樣。」

因此，按照波普的說法，演化論、蒙娜麗莎和聖經都是第三世界的真實事物，就和法語、自然數序列、披頭四的《比伯軍曹寂寞芳心俱樂部》（*Sgt. Pepper*）專輯一樣。

對於這一切說法，反對者可能的回應是，改變真實世界的並不是理論、意識形態之類的東西，而是我們對於這些事物的掌握；也就是說，真正造成改變的，是我們的心靈狀態；而心靈狀態是第二世界的事物，並不屬於第三世界。波普承認這項反駁確實有力，同意讓步，改稱第三世界的事物要影響第一世界的事物，必須透過第二世界的事物媒介才行。

此外，還有人說第三世界理論並沒有什麼了不起，雖然說把人類心靈的創造作品稱為「真實事物」不會造成什麼危害，但是也沒有因此帶來什麼好處。當代哲學家彼得．辛格（Peter Singer）就說，波普的第三世界理論其實沒有真的解決任何重要的哲學問題。

延伸思考

➡ 8. 真實的世界
➡ 29. 哈利波特真的存在
➡ 42. 科學也沒辦法證明的事

37 沒什麼好討論的

依據英國哲學家艾爾（A. J. Ayer, 1910-89）的說法，我們根本沒辦法討論關於什麼是對、什麼是錯這回事。為什麼？因為道德語句根本就毫無意義可言！如果有人跟你說婚前性行為是錯的，或是告訴你你應該說實話，嚴格說來，你其實不能不同意這些話。但同樣嚴格說來，你其實也不能同意這些話；因為這些話根本什麼都沒說。

檢證原則

使艾爾在哲學界一舉成名的緣由，是因為他將邏輯實證論（logical positivism）引進了英語世界。邏輯實證論是在二十世紀時，由一群號稱維也納學圈的思想家所帶起的風潮。

這些邏輯實證論者主張，要判斷一句話的真假有兩種方式——更精確地說，只有這兩種方式。你可以像科學家一樣，透過經驗觀察來確認這句話的真假；不然，你也可以像數學家一樣，藉由邏輯分析來驗證。無法被這兩種方式驗證的語句既不是真的，也不是假的，而是毫無意義可言。

艾爾與其他維也納學圈中人據此提出了後來所謂的**檢證原則**（*verification principle*），主張任何語句要有意義，就必須在原則上是可被檢證的，反之，在原則上可檢證的語句就是有意義的句子。

檢證原則其實可以追溯到第三十五章中所提到的「休謨的叉子」，而邏輯實證論者也的確依照著休謨的精神來運用檢證原則，將傳統哲學中的許多「論辯」斥為無稽，尤以形上學與神學的那些爭論為最。

道德語句毫無意義

那麼，道德語句呢？檢證原則也能適用在道德語句上嗎？艾爾在他一九三六年出版的《語言、真與邏輯》（*Language, Truth, and Logic*）中說，道德語句既非分析語句（亦即不能透過邏輯分析來檢證），也不能透過經驗來驗證。

分析語句的特色之一，就是除非這種語句有矛盾，否則不能否定。拿個簡單的分析語句來說，例如「所有的單身漢都未婚」好了，我們沒有道理否定這句話，因為根據定義，單身漢的確就是未婚的男子。

同樣地，你沒辦法自我矛盾，就像你沒辦法否定「三角形的內角和等於兩個直角和」一樣。這裡可能要多花點腦筋，做點比較複雜的推理，才能夠證明確實如此。不過無論如何，事實的確是這樣。（不信的話，請見歐幾里德的《幾何原本》第一卷，命題三十二。）

不過，否定道德語句並不會導致任何矛盾。如果你要否定「你應該說實話」或是「婚前性行為是錯的」這樣的句子，你可能會被視為離經叛道，但是在邏輯上卻毫無任何缺失可言。所以說，道德語句不是分析語句。

另一方面，道德語句也不是經驗上可驗證的語句。你可以對這個世界上的男男女女仔細檢驗，看他們事實上是不是真的都說實話；但是你沒辦法檢驗出他們是否**應該**說實話。同樣地，我們也沒辦法藉由檢驗大家是否真的在婚前有過性行為來檢證「婚前性行為是錯的」這句話的真假。

表達情緒

既然道德語句既不是分析語句，也沒辦法在經驗上得到驗證，那麼根據檢證原則，這些語句就毫無意義了。這種語句根本不是真正的語句，因為它們其實什麼也沒**說**。若是如此，那麼這些語句是**做什麼用**的？嗯，根據艾爾的說法，這些語句只是情緒的表達而已。

如果有人說「你應該說實話」，他不是在告訴你一件事實，只是在表達他對於說實話這件事的情緒反應，而且可能也想要讓聽到這句話的人興起同樣的情緒反應。所以他其實是在說：「耶嘿！說實話！」同樣地，要是有人說「婚前性行為是錯的」，他其實是在說：「婚前性行為——噢噁！」

艾爾寫道：「如果一句話不是真的語句，就沒有道理去追問其真假。而我們也已見到了，有些句子只是用來表達道德判斷，但其實那些句子什麼也沒說。」

這種認為道德「語句」其實只是表達情緒的主張，一般稱為**情緒論**（emotivism）。或者也可以用更口語的方式來叫它作「耶嘿／噢噁」理論。

大家不是真的有道德爭論嗎？

情緒論者說，既然道德語句沒有意義，那麼我們就不可能對道德判斷有真正的爭論。對這個主張的明顯反駁是，但大家通常都可以進行道德討論呀！而且我們不只是在交換「耶嘿／噢噁」等感受情緒而已，而是真真正正地在嚴肅討論。

情緒論者的回應是，涉及事實的部分當然可能是有意義的討論。舉例來說，如果你贊同婚前性行為，但是我反對這麼做，那麼我們也許可以來一場有意義的討論，看看婚前性行為的有無對於個人、配偶，以及整個社會有什麼影響。在討論之中，我們可能會修改對那件事的觀感，但是並不能對「婚前性行為是錯的」這句話的真假進行有意義的討論。我們所能做的，其實只不過是表達自己對這件事的情緒罷了。

延伸思考

➡31. 肩負重任！

➡35. 哲學？鬼扯！

➡40. 規則、規則、規則……

38 上帝安息吧

德國哲學家尼采（Friedrich Nietzsche, 1844-1900）最惡名昭彰的宣稱就是「上帝已死」。當然，拿這句話的表面意思當真是毫無意義的事。傳統的猶太－基督宗教中，上帝是個萬能、不變的存有。這種存有絕不會死去。如果真的有上帝存在，那麼祂就必定永遠存在。

這一切觀念尼采都知之甚詳。事實上，他在提出上帝已死的想法時，是先藉著一個提著燈籠衝進市場的瘋子口中大呼：「我要找上帝！我要找上帝！」接著才宣稱：「上帝死了。上帝早就死了。是我們殺了上帝。」

所以說，尼采自己也知道他的主張對讀者來說有多麼奇怪，甚至可說荒謬絕倫。但這正是重點所在。「上帝已死」這句話並不是要看它的表面意義。這句話其實是尼采要以最驚人、最激烈的方式來表達，對上帝的信仰早就不再對社會有何用處了。

宗教信念的衰退

在一八八二年，尼采出版《歡愉的智慧》中第一次提出「上帝已死」這句話，後來也成為了貫串他最膾炙人口的《查拉圖斯特拉如是說》（*Thus Spoke Zarathustra*）一書的核心主題。

當時正值十九世紀末，宗教信念在西歐已經逐漸式微。整個社會受到逐步昌明的科學與日漸普及的教育所影響，人們也不再把對上帝、靈魂和來生的堅貞信念當成智性上可稱揚的事了。尼采正是要用上帝已死這項宣稱來挑戰同時代的人們，迫使他們正視「信仰喪失」這回事，進而想想這件事所造成的遺害。

尼采所處的社會雖然喪失了信仰，卻還緊守著過去的傳統道德價值。可是對尼采來說，上帝的死去就代表著宗教道德價值——尤其是過去一直主宰著歐洲社會的基督宗教道德——同樣已經死亡的事實。上帝既然死了，基督宗教的價值也就不再成立了。我們需要一套嶄新的價值觀。

奴隸與主人

尼采對於見證宗教信念的衰退一事並不覺得遺憾。事實上，他對基督宗教與其價值觀的抨擊可是不假辭色，火力全開。

在他看來，基督宗教能從羅馬帝國的奴隸中興起的緣故，並不是因為這是一套從至尊上帝傳下來的真理，而是因為這套說法能夠滿足人的心理需求。奴隸無力將自己從勞役中解放出來，所以只好倚靠宗教，企求在靈性上與道德上超越他們的主人。基督宗教信守的是奴隸的道德，好比憐憫、同情、順從等等，而且還反對自利、自為其是、意志力量等主人的道德。因此，奴隸才會被視為是正義的一方，而主人則是在有罪的那一邊。

尼采說，基督宗教誕生於軟弱、恐懼與憤怨之中。而且，他還認為基督宗教是一種否定生命的信仰。基督宗教說上帝是至高、全能又善良的，而我們人類則是低賤、軟弱又充滿罪愆的；基督宗教要我們對這輩子的一切認命，將所有的期望放到來世。尼采對這一切說法感到深惡痛絕。他在《瞧！這個人》中寫道：「『上帝』這個概念，是為了與『生命』這個概念對立才創造出來的——有害、有毒、虛偽的一切事物，還有對生命的深刻敵意，全都在祂名下匯聚成一個恐怖的總和！」

嶄新的價值

所以對尼采而言，上帝之死其實是個好消息。這表示人們總算可以自由選擇自己的價值，打造自己的命運，活在此時此地，而不用再寄望於未來了。尼采還認為，我們應該停止尋求上帝或是其他任何指引。我們每個人都應該依靠自己的方式過活，展現出我們做為個別人的模樣。這就表示要棄絕順服、聽命、平庸，要活得大膽、活得充滿熱情。

上帝之死也為全新的道德鋪好了道路，也帶出了一種嶄新的個人：強力、不順從、積極、自我肯定、擁抱生命、願意創造自己的價值的個人。而具備這些特質的理想個人，尼采稱之為**超人**（*Übermensch*）。

活蹦亂跳？

但是尼采說上帝已死，會不會說得太早了？畢竟在過了一個世紀之後，到我們現今這個時代，上帝看似還是活得好好的呀！信仰和宗教在全球幾十億人的生活中，仍舊是股強大的力量呀！

尼采在某種程度上似乎預見到這狀況。他在《查拉圖斯特拉如是說》中寫道：「上帝已死；但是因為人們的生活方式，這道陰影還是會籠罩著人們居住的洞穴上千年。而我們——我們到時候還是得連祂的身影都消滅殆盡才行。」

我想，他大概會說，我們遲早還是必須接受上帝終究死了這回事。

沒那麼怪嘛

尼采說上帝已死的用意是語不驚人死不休。但是一旦你理解了他的話，這話聽起來彷彿就沒那麼奇怪了。尼采善用他對心理的敏銳觀察和天才洋溢的筆法來彰顯這一點。如果他只是說對上帝的信仰已經落伍了，那他的這些話很可能早就消失，被人遺忘了。可是靠著「上帝已死」這句話，他可是緊緊地攫住了大眾的想像力呢！

延伸思考

➡ 7. 圓滿的完美

➡ 14. 不斷重來……

➡ 27. 要你殺人就殺人

➡ 39. 終極的惡

39 終極的惡

手淫的名聲一向不太好。英文俚語中的 wanker，字面意義就是指「手淫的人」，不過這個詞往往——而且可說經常是拿來罵人變態的慣用詞。由於手淫一直被大家當成見不得人的齷齪事，人們也就發展出各式各樣的代稱或暗語來稱呼它。

但是手淫為什麼會有這麼糟糕的名聲呢？到底（套用一種常用的正面說法）「自慰」錯在哪呢？況且，就算手淫**真的**有錯，那到底是犯了多大的罪過？為什麼手淫竟會被人視為肉身罪愆的前幾項？

面對這些質問，中世紀最偉大的哲學家聖多瑪斯．阿奎納毫無畏懼。他在《神學大全》（*Summa Theologica*）中，以他一貫的嚴格縝密，仔細地探討了這些問題，並論證道：手淫不只是壞事，而且真的很壞！甚至比強姦更壞！

手淫有什麼錯？

聖多瑪斯說，上帝在創造萬物時，都為萬物賦予了某種目的。上帝的某些意旨可能超出了我們能理解的範圍，但是我們的悟性倒是能掌握其他安排的目的，而**自然法**（*natural law*）就是我們毋需依賴天啟就能夠掌握上帝神聖計畫中的那些部分。一旦依照自然法而行，我們就合乎了上帝的意旨。

聖多瑪斯對於人類性事的看法，就是套用自然法理論的一個絕佳例證。照他所說，性行為有三種目的：繁衍後代、強化婚姻連結，還有獲取快樂。根據這個前提，我們可以推論出，通姦之所以不對，是因為通姦一方面弱化了婚姻的連結，而不是予以強化；另一方面，則是由於通姦生下的子女仍舊需要依賴非正常的雙親加以照料。

那手淫又有什麼錯呢？手淫的錯有兩個層面。其一，手淫無法產下後代；其二，手淫無法使夫妻之間更加親密。

好，所以手淫是錯的。可是到底手淫**壞到什麼程度**？

六種色慾

聖多瑪斯在《神學大全》裡說道，「色慾之罪，在於未依照正確的理由追求性愛的歡愉」。這就是說，以無法繁衍後代的方式來追求性愛的歡愉，或是在不當的情境中進行繁衍後代的性愛都是罪愆。

色慾之罪一共有六種，聖多瑪斯清楚地列了出來：「婚前性行為、通姦、亂倫、誘姦、強姦，及非自然的惡習」。**非自然的惡習**（*unnatural vice.*）這一詞涵蓋範圍甚廣，包括：手淫、同性性交、獸姦、肛交、口交等等。

你看，除了非自然的惡習之外的五種色慾之罪其實都是「違背理性」之罪。這些都是能夠繁衍後代的性交活動，只是發生在不當情境之中，或者是找錯了不當的對象。相對於此，非自然的惡習不只違背理性，同時還是「違背自然之罪」，因為這些不當的性行為不能讓人生出下一代。

壞透了的非自然的惡習

好，所以非自然的惡習是兩倍的壞，比婚前性行為、通姦、亂倫、誘姦和強姦都壞。

不過，聖多瑪斯也預期別人對這些說法當然會提出一種顯而易見的反駁，所以他也簡單陳述了這種反駁意見：「通姦、誘姦和強姦會傷害我們的鄰人，而且看起來比非自然的惡習這種沒有傷害到任何人的舉動更加不是愛我們的鄰人。所以非自然的惡習不會是色慾之罪中最嚴重的一種。」換句話說，像手淫這樣的罪過，除了行為者自己之外，並不會傷害到任何人；但是其他像通姦、強姦這種罪行就會傷害他人；所以說，通姦和強姦當然要比手淫更糟糕了。

聖多瑪斯的回答是，非自然的惡習所傷害的不僅僅是行為者自己，還傷害了上帝。他寫道：「自然的律則是來自於上帝本身，因此違背自然的罪行……也就傷害了自然的主宰，也就是上帝。」

既然違抗上帝的罪愆要比傷害同胞更加十惡不赦，那麼像是手淫或口交這些非自然的惡習，當然也就比亂倫、通姦和強姦這些其他「自然的」（天哪！）惡行還要更糟糕了！

傷害上帝？

不過這引發了另一種反駁，也就是：人怎麼傷害得了上帝？上帝是全能、不變的存有，那祂又怎麼會受到人的傷害？

我們在前一章已經看過尼采對基督宗教道德的猛烈抨擊，而他的重要論點之一就是這一點：我們的罪居然能夠傷害上帝！尼采寫道：「基督徒假設出了一個喜歡復仇的強大存有；祂的能力大到沒有什麼傷得了祂——除了祂自己的臉面之外。」

尼采認為，這種觀念導致了基督徒關於何謂對錯的變態想法。他寫道：「每個舉動都只考慮這麼做會造成上帝如何如何的超自然後果，卻不顧這麼做的自然後果。」

正是上帝在某個意義上可以受到傷害這個假設，才使得聖多瑪斯提出「手淫比強姦更壞」這麼駭人聽聞的主張。所以說，這實在是個奇怪——而且還相當危險——的假設啊！

延伸思考

⬇ 7. 圓滿的完美

⬇ 27. 要你殺人就殺人

⬇ 38. 上帝安息吧

40

規則、規則、規則……

有許多偉大的思想家都各自提出自己的理論，教導我們如何好好生活。而這些理論往往會用某種普遍的規則或規章來表示，也就是說，提出這些原則是為了要每個人無論何時何地都遵守採用。這聽起來實在是件天大的好事。畢竟，要是每個人都可以靠一套基於正義與公平訂出的道德規章來過活，那樣的生活豈不是太棒了嗎？

意外的是，並非每個人都這麼想。有些哲學家甚至說，採用道德規章是壞事一樁，因為你一旦這麼做，就會破壞你的人格完整性（integrity）。

規則有什麼不對？

依據一套道德標準來過生活會有什麼問題？嗯，批評者說，大家認為這些體系的強處恰恰就是其缺陷所在，也就是這些理論的普遍性（universality）與公正性（impartiality）。

規則、規章與體系的麻煩在於，它們提供的德行進路，都是一體適用的樣板。它們要能運作，就得預設對這個人來說是正確的事，對那個人而言也必定是正確的。但是，從事實上來說，每個人都是特別的。所以對某人來說是正確的事，對那一個人而言，**可能**是不正確的。

道德體系會試圖將每個人都套進相同的模子裡；它們提倡的行事作法絲毫不曾顧及個人的特殊性，因而也會危害到個人的人格完整性。

這裡要特別說明一下。在英文裡，integrity 這個詞可以指兩種完全不同的意思：一個是指「嚴格遵守道德倫理原則」，另一個則是指「整全無缺的狀態」。很明顯地，這裡說遵從倫理原則會造成傷害不是在第一種意義下理解 integrity，而是指這個詞的第二種意義。

鴨子與鶴

中國哲學家莊子（369-286 BC）拿了鴨子與鶴這兩種常見的水鳥來做比喻，清楚地闡述了這個觀點。鴨子肥胖的身體與短腿讓牠能浮在水面上，也可以鑽進水底下；鶴的細頸與長腿使牠能在淺灘上左右逡巡，尋找食物。這兩種鳥類依其本性行動，都能夠過得很自在。要期待牠們以同樣的方式行動，那實在是荒天下之大謬。

莊子說，期待所有人都依照同一套規則與原理行動也同樣荒謬。人人各自不同，所以每個人本就該有不同舉止。嚴守外在標準只會讓人無法表露本性，因而會損及個人整全的人格完整性。

可是如果標準、體系不能當作個人舉止的適當指引，那又有什麼東西可指引呢？為了回答這個問題，莊子帶入了中國思想裡的兩個重要概念：**道與德**。

道與德

莊子是所謂的道家人物。道家這一思想流派源自智者老子，約莫與儒家同時期出現。道家的核心概念就是**道**，通常是指「道路」、「方法」的意思。道是一種神祕的原則，是一種運行於萬物之中，指導自然運作的無形力量，既無從定義，也無法窮解。

早期的道家經典《道德經》中寫道：「道可道，非常道。」但儘管道本身是不可知的，被歸為道家的哲學家卻都同意道生萬物，而且能使得萬物各自依照其不同樣貌而存在。道賦予了萬物各自不同的本性、性質與能力；而道的力量，也就是使萬物能夠各正其性命的原理，就叫作**德**。

萬物各自有屬於自己的德，這德性也就是它們各自的本性、能量或性質，從而能夠維持它們的存在、茁壯與成全。

道法自然

對道家而言，有德的生活並非壓抑自己的欲望、順服外在的規則。相反地，有德生活是要自然地活著，在自己的天性與周遭外界的本性之間取得和諧；也就是要依循道、按照德性來過活。

莊子說，依照社會強加的人為規範過活，終將導致災殃；這種生活只會帶來痛苦與邪佞。相對於此，照著自己的德性、順著周遭萬物的德性而活，則是一切快樂與福祉的泉源。

但是人要怎麼引發自己的德性呢？簡單地說，自然、單純地過活；凡事勿過力；傾聽自己的內心，順性而為。道家的生活方式是讓人活得像自己，而不是要刻意扭向某種方向發展。

典型的道家——如果可以這樣說的話——不貪婪、不執著，也不妄求。道家並不刻意積極；餓了便吃，累了就睡，總是以最單純、最真實的方式來行事過活。

參同萬物

道家的倫理學進路非常迷人，這種做法似乎讓過著有德的生活能夠毫不辛苦費力。然而，反對者也會批評這種方式只會讓人變得自私怠惰。

早期的道家與儒家就對這一點彼此不滿。孔子對弟子說，要過個有德的生活，就是要有意識地踐行自己在社會中所扮演的各種不同功能。所以孔子定下了一套非常詳盡的行為準則，讓弟子能夠據以適當扮演父母、子女、夫婦、手足、朋友、君臣等不同的角色。

孔子認為，人的責任就是要依循這些規範，藉以盡力改善社會。相對於此，道家則傾向於要人從社會中完全抽離出來。儒家大哲孟子就因此批評道家的楊朱，說他拔一毛可以利天下，卻寧可不為呢！

延伸思考

➡26. 一個巴掌打得響
➡31. 肩負重任！
➡38. 上帝安息吧

41
荒謬卻真確

基督宗教哲學家往往會費盡心力證明他們的信仰確實合理。例如我們先前已經看過的聖奧斯定、聖多瑪斯、聖安生等人，他們無不竭力打造巧妙的論證，試圖證明上帝的存在與其本性。

但丹麥哲學家齊克果（Søren Kierkegaard, 1813-55）倒是特例。他雖是基督徒，卻斷然否認上帝存在，也否認基督教的信理可以得到理智上的證明。不僅如此，他更說基督教的訊息全都是「無比弔詭」、「荒謬絕倫」。

這看起來實在太荒唐了！有哪個神智正常的人會說：「噢，對，我知道我的信仰沒有辦法得到證成。事實上，我知道這些信仰信念都是不理性的。不過我還是要堅守這一套」呢？

那到底為什麼齊克果**要**相信呢？到底是什麼東西讓他說信仰是荒謬的呢？

「絕對的悖論」

齊克果對所有關於上帝存在的一般哲學論證徹底批評了一番。舉例來說，他覺得我們在第七章曾經提過的本體論證，只是在進一步發展我們對上帝的概念，卻沒有真正證明上帝的存在。他也反對所有根據歷史證據來證明基督教義的做法。他說，要還原一般歷史事件的真相已很不容易了，更甭提要證明「道成肉身」（incarnation）這麼非比尋常的事。

所以說，在齊克果看來，基督教義既不能透過哲學來證明，也無法藉由歷史來證實。話說到這兒，還只說了一半。齊克果更進一步宣稱，基督宗教本身就是弔詭的，因此打從根本上就完全反理性。

基督宗教弔詭的悖論核心，就在於道成肉身，也就是「上帝變成為人」的這項教義。齊克果問：這種事怎麼能發生呢？一個無限的、永恆的、萬能的上帝，怎麼會變成一個有限的、短暫的、力量微薄的人呢？這個想法本身實在是太荒謬了！

齊克果說道成肉身是荒謬的，但他這樣說究竟是什麼意思，倒是引起了不少爭論。在某些學者的詮釋中，齊克果的意思是**上帝—人**這樣的概念在邏輯上有矛盾，就像**已婚的單身漢**或**四邊的三角形**一樣。其他學者則將這說法詮釋為較弱的主張，認為**上帝—人**是一種超越我們所能理解的概念，是一種違反我們理性的概念。我在這裡權且接受比較容易辯護的第二種詮釋。

人類理性的極限

照齊克果的說法，人類理性一遇到「上帝—人」這個觀念的時候就無所用武之地了。我們對於上帝的概念和我們對於人的概念這兩者根本就沒辦法統合在一起呀！

但是，或許真正的問題並不在於這些概念本身，而是在於我們的理性官能。理性也許本來就不是能拿來接觸上帝的東西。事實上，齊克果自己就是這麼想的。他說，人類的理性太過狹隘了，無法掌握道成肉身這概念；但是我們的罪惡與虛榮卻讓我們無法看清、接受這事實。我們太以自己理性的能耐為傲，才會堅持「既然基督宗教無法被理解，就應該徹底拒絕這套信仰」這主張。

信心之躍

果真如此，那我們又怎麼會相信這一套呢？這就是信心上場的時刻了。信徒透過信心而能夠擱置自身的虛榮，承認人類理性的極限，接納這個弔詭的悖論。

好，道成肉身是個只能透過信心而接受的悖論。可是這樣的信心不會有問題嗎？如果墮落的人性以自己的理性力量為傲，那麼是什麼使得人能夠跨出這信心的一躍呢？

答案是奇蹟。信心是信徒直接接觸上帝之後的結果，是上帝的恩賜。不然就沒有別的可能了。齊克果寫道：「可是這樣一來，信心本身不就和道成肉身這個悖論一樣弔詭了嗎？正是如此……信心本身就是項奇蹟；信心之所以為真，就和道成肉身之所以為真一樣。」

這結論實在出人意表，甚至可說是令人瞠目結舌。不過這倒是呼應了聖保羅的話：「你們得救是本乎恩，也因著信，這並不是出於自己，乃是上帝所賜的。」（〈以弗所書〉2：8）

後記：齊克果「真的」這樣想嗎？

齊克果在發表許多作品時都用了筆名，像是約翰・克利馬古（Johannes Climacus）、希拉流斯・布克班德（Hilarius Bookbinder）和康士坦丁・康士坦斯（Constantin Constantius）這些名字，就是他為了不讓讀者知道究竟書中這些看法是否出自他本人，抑或他只是引介這些想法給大家思索而已才使用的筆名。這招迫使讀者必須依靠自己獨立思索的辦法確實是高招，但也容易令人備感挫折。

我們這章中所介紹的思想主要出自《哲學性片段》（*Philosophical Fragments*）與《非科學的結語》（*Concluding Unscientific Postscript*）。這兩本書的署名都是約翰・克利馬古，齊克果本人的名字則是掛上「編輯」一銜。作者的署名可能暗示我們不要把這樣的觀點當作是齊克果自己的想法，可是，齊克果的名字出現在編輯似乎又表示我們可以這樣想。齊克果，我們真是猜不透你啊！

延伸思考

➡ 7. 圓滿的完美

➡ 13. 地獄裡的小寶貝

➡ 17. 你賭上帝存在嗎？

42 科學也沒辦法證明的事

大多數人（如果他們真的有想過的話）都認為科學方法是依照這種方式進行的：首先，科學家先進行一大堆觀察；然後科學家就根據這些觀察，整理出一套理論；接下來，科學家便開始對這套理論進行嚴格的檢驗。如果這套理論通過了檢驗，就表示這套理論得到了確證。

舉例來說，科學家可能觀察到酸和鹼一起產生反應時，總是會形成鹽和水。於是科學就推論出一條普遍法則：「酸鹼中和時，總是會產生水與鹽。」接著科學就開始檢驗這條法則，觀察不同的酸和鹼的中和反應，看看是否每個情況都符合這條法則的描述。

奧地利裔英籍的哲學家卡爾．波普（Karl Popper, 1902-94）在他一九三四年出版的《科學發現的邏輯》（*The Logic of Scientific Discovery*）中，駁斥了這種觀點。他說科學既不是如此，也不能按這種方式進行，因為沒有任何科學理論**可以**得到驗證。

這個想法對許多人來說實在太驚世駭俗。再怎麼說，我們隨手挑一本科學書籍，都會讀到徹底檢證過的理論，不是嗎？比方講，牛頓的重力理論不就是個例子嗎？這應該算是個得到確證的理論吧？

呃，波普說，並不是。

科學與歸納法

波普告訴我們，所有試圖驗證科學理論的嘗試全都注定要失敗，因為問題出在歸納法上。我們在第二十二章說過，歸納論證本來就不能保證結論的確定性。因此，科學定律本來就永遠不可能完全得到檢證。舉例來說，底下這個論證：

1. 過去觀察到的每道光線都以直線方式行進。**因此**，
2. 所有的光線都會以直線方式行進。

這就不是演繹上有效的論證。就算前提是真的，結論也未必為真。

可是呢，儘管科學定律無法完全得到檢證，可是大多數定律都可以完全得到**否證**（*falsification*）。這是因為邏輯中有一個迷人而且有用的特點，也就是即使再多的肯定事例也不足以確證一條普遍法則，但是只要有一個否定事例就足以駁斥這條法則了。好比底下這個論證：

1. 我們觀察到有一道光線以弧線方式行進。**因此**，
2. 不是所有的光線都以直線方式行進。

這個論證**就是**一個演繹上有效的論證。如果前提為真，其結論必然也為真。

所以，依照波普的說法，科學不是在**確認**理論與假設；相反地，科學是在駁斥或**否證**這些理論和假設。科學進展不是來自於歸納法，而是來自於否證。

否證論

波普和其他否證論者對科學進展的看法大致如此：科學家首先是面臨一個

問題：這個世界的某個面向需要加以分析或解釋。接著，科學家便提出一套看似可以解決這個問題的假說或理論，然後嚴格地檢驗這套假說或理論，看看是否能夠否證這套說法。如果這套理論通過檢驗，那麼我們就可以接受這套理論——不過，也只是暫時接受而已。

英國哲學家查莫斯（A. F. Chalmers, 1939-）在其名著《科學到底是什麼？》（*What Is This Thing Called Science?*）中說得好：「無論一套科學理論能通過多少嚴格的檢驗，我們永遠沒辦法說這套科學理論是真的，不過我們可以滿懷信心地說目前這套理論優於過去的其他理論，因為這套理論能撐過否證其他理論的考驗。」

舉例來說，牛頓的重力理論就通過了兩個世紀的嚴格檢驗，可是最終還是遭到了否證。這套理論在預測水星的運行軌道時出了差錯。而此時正好由愛因斯坦的廣義相對論取而代之，順利地預測了水星軌道的些微誤差。

既然科學的進展來自於否證，那麼科學理論的本質事實上就是可否證性（falsifiability）。愈可能被否證的，就是愈好的理論。如果一套理論能夠提出可受檢驗的大膽主張（當然嘍，甭提這主張必須要通過否證的檢驗），那就是套好的理論。要是一套理論不能夠提出可受檢驗的主張，無法被否證，那麼就根本算不上是一套科學理論。

科學與偽科學

對否證論者而言，廣義相對論只是一個較優秀的（*par excellence*）科學理論。愛因斯坦在一九一五年出版了這套關於重力的幾何理論，預測了光線在靠近太陽時會受到扭曲。這完全違反了當時一般所接受的科學定律，也就是認為光線會以直線方式行進的主張。直到一九一九年，天文學家在全日食期間的觀測，才證實了愛因斯坦的驚人預測。

廣義相對論的勝出，成了當時全球新聞報紙的頭條消息，愛因斯坦也因此迅速竄紅，成了國際巨星，並因此給波普留下了深刻印象。畢竟，我們可以設想愛因斯坦的預測很有可能**未**被證實，因而導致他的理論整套作廢。

波普將像是占星術這種模糊又不可否證的理論稱為**偽科學**（*pseudoscience*），而且對於偽科學和愛因斯坦這種可受檢驗的大膽理論之間的強烈對比深感震驚。偽科學的特色，就是做一些模糊不清、難以檢驗的預測（波普舉的例子是報紙上的星座專欄內容：「我猜你今天有幸運的機會」）。而偽科學的擁護者也同樣有種特色，就是會接受那些證實該理論為真的證據，卻忽視那些否證這套說法的證據。

依照波普的說法，可否證性就是區分科學與偽科學、宗教和形上學之間的關鍵。他寫道：「我們可以總結說，**一個理論有無科學地位的判準**（criterion），**就在於其可否證性，或說可拒斥性**（*refutability*）、**可檢驗性**（*testability*）。」

可否證性能被否證嗎？

波普對於科學如何有所進展的想法引起了一些批評。批評之一是他太過輕忽了檢驗確證在整個科學進程中所扮演的角色。畢竟，新的理論如果做出了可以得到**確證**的新預測時，的確就會更加有力。例如，愛因斯坦對於光線在靠近太陽的時候，行進路線會受到扭曲的這項預測能夠得到確證，確實顯得非常重要。

此外，科學史也顯示出，在許多情況中，假如科學家要嚴格遵守波普的否證方法，就得放棄許多重要的理論。例如說，哥白尼以太陽為宇宙中心的理論結果之一，就是當我們從地球上觀測時，隨著一年之中的時節不同，金星的大小也會有顯著變化。當時的人儘管不知實際的道理為何，但在他們的觀測中並未出現這樣的結果；雖然這看似否證了哥白尼的理論，可是科學家卻未曾因此放棄這理論。這其實是件天大的好事，畢竟哥白尼的太陽中心說要比先前的地球中心說進步太多了！

然而，這些批評也完全無法撼動波普認為科學理論只能被完全否證，無法被完全確證的主張。畢竟，再多的確證也沒有辦法證明一個理論就是真的呀！

延伸思考

➡22. 你預測不了未來
➡36. 第三種世界

43 — 未經反省的生命

希臘哲學家蘇格拉底有句名言：「未經反省的生命是不值得活的！」他這句話的意思是說，我們每個人每天都應該要花點時間參與道德討論，而且沒有人應該以未曾經過哲學反省的生活方式過活。

這實在是個驚人的聳動宣言！畢竟，世上可是有不少能說是讓生命有價值的事物呢！好比幸福、朋友、家庭、宗教、工作、戲劇——這還只是其中幾樣而已！所以當蘇格拉底說，除非加上一點哲學的自由反思，否則這整體是毫無價值的，聽起來實在太荒謬、太惹人嫌了！

我們不免會想問兩個問題：第一，他是認真的嗎？他**當真**相信沒有哲學的生活就不值得過嗎？其次，就算他**確實**是認真的，他又憑什麼認為反省自己的生命是絕對必要的事？

蘇格拉底的方法

蘇格拉底有一套非常獨特的哲學方法。他會站在雅典的市集街頭，抓著路人開始辯論。他最愛的招式就是找個著名的專家，詢問對方關於某個主題的意見。接著，在他有技巧地追問之下，這名「專家」就會顯得其實所知不多。例如，他就曾經讓一名將軍答不出到底什麼是勇氣的適當定義，也曾經讓某個宗教的狂熱信徒說不出到底有什麼取悅神明的合理說法。

不過，蘇格拉底倒不是為了要羞辱對方才這麼做的——雖然他也確實經常讓對方窘態畢露。蘇格拉底的動機其實是基於他熱切的求知欲；而且他還相信，只有在一系列的對話與有系統的探問過程中，知識才會浮現出來。

蘇格拉底受審

蘇格拉底說出「未經反省的生命不值得活」這句話的時刻，正是在他受死刑審判之時。蘇格拉底巧妙的提問使得不少雅典最有權勢的公民惱羞成怒。結果，在西元前三九九年，這些人羅織了瀆神和敗壞青年的罪名，將蘇格拉底送上法庭受審。

蘇格拉底親自出庭為自己辯護，而且絲毫不理法庭上諂媚法官、求情輕判的一貫成例，反而藉此機會為自己的生活方式提出了強硬的辯護，痛斥雅典墮落的民主制度。柏拉圖所寫的《申辯篇》（*Apology*）號稱就是這場審判的記錄，而我們正是在這部作品裡看到了蘇格拉底的演講細節，還有那句名聞天下的「未經反省的生命不值得活」。

蘇格拉底的任務

蘇格拉底對於瀆神這項罪名的回應是告訴法官，他其實是依照神明所指示的方式在過活：「就我所知，而且我也深信不疑的是，神明（阿波羅）給我指派了任務，要我窮究此生從事哲學，深刻檢視我自己和他人的生命。」他的不斷探究與追問，雖然激怒了這些起訴他的人，卻也恰恰是他虔誠敬神的證據。

至於敗壞青年的罪名，蘇格拉底的回應是，他所採取的才是有德的生活方式，而且他所造成的影響都是有益無害的：「對一個人來說，最大的好事就是每天都能思索人類的卓越德行，以及各位聽到我在那些對話裡所審視的其他事物。」

正如我們在第一章所見到的，蘇格拉底認為知識就是德行；一旦真的知道什麼是善，我們就真的會去做。這正是為什麼他要花時間與其他同胞辯論的緣故。因為，如果他們真的能徹底解答他的疑問——也就是如果他們能獲得關於善、正義、勇氣、虔敬等事物的真知識——那麼德行也就自然隨之而來了。

搞懂蘇格拉底的主張

不過，儘管蘇格拉底說未經反省的生命不值得活，他倒不曾輕忽我們一般認定有價值的事物（好比幸福、愛情、朋友、家庭、宗教、戲劇等）所具備的重要性。蘇格拉底的重點在於，如果我們願意反省自己的生命與價值，那麼我們就能夠共同了解人類的卓越德行何在；而一旦有了這項知識，我們也就擁有了能過美好生活的一切事物，生活的各個層面都能因此獲得全面改善。

然而，如果我們拒絕自我反省，就像控訴蘇格拉底的那些人一樣，那麼我們將會永遠陷於無知之中，生活將會缺乏德行，而生活的各個面向也都將因此遭受損害。這也就是為什麼蘇格拉底會對法官說：「我要做的無非是說服各位，無論你是老是少，對你自己的靈魂能否達致卓越的重視，都要勝過對於你自己的身體或財富所付出的關心。」

延伸思考

1. 不是真的「壞」

本書各章延伸閱讀

1 不是真的「壞」

有誰談蘇格拉底能比得上蘇格拉底自己的明星學生柏拉圖？《蘇格拉底最後的日子》（*The Last Days of Socrates*, Penguin Classics, 2010）這本書包含了柏拉圖的四部對話錄（《歐緒弗洛篇》、《申辯篇》、《克里托篇》、《斐多篇》），敘述了蘇格拉底的審判、受責與死亡。這些篇章的文字極為優美動人，還富含了一流的哲學討論。

有關蘇格拉底對於知識與德行之間關聯的看法，可以從柏拉圖的《普羅塔哥拉斯篇》中一探究竟。可以參考《普羅塔哥拉斯篇和美諾篇》（*Protagoras and Meno*, Penguin Classics, new edn, 2005）。

2 好到不能更好了

萊布尼茲是史上罕見的天才。喬治・麥當勞・羅斯（George MacDonald Ross）在《萊布尼茲》（*Leibniz*, 'Past Masters,' Oxford University Press, 1996）中介紹了萊布尼茲在各種主題上的觀點，讀來極為愜意。

理查・富蘭克斯（Richard Francks）在《現代哲學：十七至十八世紀》（*Modern Philosophy: The Seventeenth and Eighteenth Centuries*, 'Fundamentals of Philosophy,' Routledge, 2003）中對萊布尼茲的哲學觀點說明，對一般讀者很有幫助。萊布尼茲說「這個世界是所有可能世界中最完美的一個」的這個主張，富蘭克斯在這本書的第十章詳加介紹。

3 糟到不能再糟了

克里斯多佛・簡納威（Christopher Janaway）精簡又豐富的《叔本華輕鬆讀》（*Schopenhauer: A Very Short Introduction*, 'Very Short Introduction,' Oxford University, 2002）很棒！《企鵝偉大思想系列：世界的苦難篇》（*Penguin Great Ideas: On the

Suffering of the World, Penguin, revised edn, 2004）這冊文庫本則收錄了叔本華最精采的散文與格言，不僅易讀、深刻，而且也真的很有趣呢！

4 自私的動機

詹姆士・瑞秋斯（James Rachels）的《道德哲學要義》（*The Elements of Moral Philosophy*, McGraw-Hill, 4th edn, 2002）是一本對倫理學輕鬆易讀，又發人深省的入門讀物。書中的第五章提供了心理利己主義的詳盡介紹。

5 什麼都不會改變

羅伊・索倫森（Roy Sorensen）的《悖論簡史：哲學與心靈的迷宮》（*A Brief History of Paradox: Philosophy and the Labyrinth of the Mind*, Oxford University Press, USA, new edn, 2005）對巴曼尼德斯思想的介紹非常有趣，栩栩如生。凱薩琳・奧斯朋（Catharine Osborne）的《先蘇哲學輕鬆讀》（*Presocratic Philosophy: A Very Short Introduction*, Oxford University Press, 2004）中的第二章也非常值得一讀。

6 萬物總是在變化

羅賓·華特菲爾德（Robin Waterfield）在《最早的哲學家：先蘇哲人與辯士》（*The First Philosophers: The Presocratics and Sophists,* Oxford Paperbacks, 2009）裡寫到赫拉克利圖斯的那章很不錯。麥可·克拉克（Michael Clark）的《悖論A到Z》（*Paradox A to Z,* Routledge, 2nd edn, 2007）有一整節關於特修斯之舟的簡要介紹，寫得很棒，而且這本書對所有喜歡悖論的人來說，都非常值得參考。

7 圓滿的完美

布萊恩·戴維斯（Brian Davis）的《宗教哲學導論》（*An Introduction to the Philosophy of Religion,* Oxford University Press, 3rd edn, 2003）詳細介紹了關於上帝存在的所有主要論證，包括本體論證。我也推薦大家看查德·麥斯特（Chad Meister）的《宗教哲學入門》（*Introduction to the Philosophy of Religion,* Routledge, 2009）。聖安生的本體論證可以看聖安生自己的《證明上帝存在》（*Proslogion*），也收錄在《坎特伯里的聖安生：主要作品》（*Anselm of Canterbury: The Major Works,* Oxford University

Press, reissue edn, 2008），這本書還收錄了高尼洛（Gaunilo）對本體論的批評與聖安生的回應。至於笛卡兒的《第一哲學沉思錄》，版本眾多，就不多作介紹了。

8 真實的世界

洞穴譬喻出現在柏拉圖的《理想國》一書裡；在《巴曼尼德斯篇》中則包含了許多對於理型論的討論，甚至包括了柏拉圖自己對這套理論的反駁。布萊恩・波費特（Brian Proffit）的《一手掌握柏拉圖》（*Plato Within Your Grasp*, John Wiley & Sons, 2004）以及茱莉亞・安娜斯（Julia Annas）的《柏拉圖輕鬆讀》（*Plato: A Very Short Introduction*, 'A Very Short Introduction', Oxford University Press, 2003）都是帶領讀者一探柏拉圖哲學世界奧妙的絕佳入門書。

9 橘子不是橘色的

洛克在《人類悟性論》（*Essay Concerning Human Understanding*）中區分出了初性與次性。E・J・羅威（E. J. Lowe）的《洛克談人類悟性》（*Locke on Human*

Understanding, 'Routledge Philosophy Guidebooks', Routledge, 1995）對這部重要巨著的主旨與想法提供了極為清楚的彙整與闡釋。

10 天命報應

印度教是非常龐雜的體系。克勞斯・K・克羅斯特邁爾（Klaus K. Klostermaier）的《印度教：初學者指南》（*Hinduism: A Beginner's Guide*, 'Beginner's Guides', Oneworld Publication, 2007）提供了一套很清楚的概論，對**業力**、**輪迴**、**解脫**等理念也有詳盡的解釋。

11 一切都在數字裡

保羅・史察騰（Paul Strathern）的《畢達哥拉斯與其定理：偉大觀念》（*Pythagoras and His Theorem: The Big Idea*, Arrow, 2009）精采地敘述了畢達哥拉斯的一生和他的思想。這本書雖然短小輕薄，卻對「一切都在數字裡」這主張做了非常詳盡的討論。凱薩琳・奧斯朋在《先蘇哲學輕鬆讀》中的第六章也對畢達哥拉斯的生平與教誨提供了簡單扼要的介紹。

12 當丹・布朗對上莎士比亞

《效益主義文集》（*Utilitarianism and Other Essays*, Penguin Classics, 2000）收錄了邊沁與彌爾最重要的效益主義論文。羅傑・克利斯普（Roger Crisp）的《路德里奇哲學指南：彌爾論效益主義》（*Routledge Philosophy Guidebook to Mill on Utilitarianism*, Routledge, 1997）對彌爾宣揚效益主義的重要文獻做了饒富趣味的全面研究，書中的第二章深入探討了我在這一章談論的主題。

13 地獄裡的小寶貝

聖奧斯定的《懺悔錄》（*Confessions*）是本永垂不朽的經典自傳。聖奧斯定在擔任主教的前三年期間寫出了這本在文學、心理學、神學與哲學上的重要著作。聖奧斯定其實並非飽受折磨，但這反倒使他的「懺悔」更顯真實動人。葛瑞思・馬修斯（Gareth Matthews）的《聖奧斯定》（*Augustine*, 'Blackwell Great Minds', Wiley-Blackwell, 2004）是聖奧斯定重要哲學思想的推薦入門讀物；雖然這本書比較適合大學生或研究生，但是一般讀者也可以從中獲益良多。

14 不斷重來……

要掌握尼采的哲學非常不容易。羅伯特・威克斯（Robert Wicks）的《尼采：初學者指南》（*Nietzsche: A Beginner's Guide*, Oneworld Publication, reprint edn, 2010）可以帶領你入門。羅伯特・C・索羅門（Robert C. Solomon）與凱特琳・M・希金斯（Kathleen M. Higgins）所寫的《尼采到底在說什麼》（*What Nietzsche Really Said*, Schocken Books, 2001）也是本易讀而全面的尼采哲學概論。尼采自己主要論及永劫回歸的觀念是在他的《查拉圖斯特拉如是說》。我在這一章裡引用索羅門的說法，出自索羅門的《與尼采一起生活》（Oxford University Press, 2003）。

15 萬物都在心靈裡

巴克萊極具文采，所以要了解他的思想，最好從閱讀他的作品開始。你可以看看《人類知識原理》（*Principles of Human Knowledge*）與《海斐對話錄三篇》（*Three Dialogues between Hylas and Philonous*）。理查・富蘭克斯的《現代哲學：十七至十八世紀》中對於巴克萊思想的解釋，一般讀者也能輕易吸收。

16 我總算想起來了

這一章主要是討論柏拉圖的《美諾篇》與《斐多篇》裡的想法。我在第一章的推薦閱讀書目（《普羅塔哥拉斯篇與美諾篇》與《蘇格拉底最後的日子》）收錄有這兩篇對話錄。

17 你賭上帝存在嗎？

想了解宗教哲學的概要，可以參考我在第七章的推薦閱讀書目，那兩本書都收錄了對於巴斯卡賭徒論證的相關討論。如果你對巴斯卡的生平與哲學有興趣，可以參考道格拉斯・古魯休斯（Douglas Groothius）的《巴斯卡》（*On Pascal*, 'Wadsworth Philosophers Series', Wadsworth Publishing, 2002）。不過可能得要注意，古魯休斯本人是位虔誠擁護基督宗教的哲學家，而且也很贊同巴斯卡的想法。

18 機器鬧鬼

笛卡兒被譽為「現代哲學之父」，他精簡而美妙的《第一哲學沉思錄》是哲學史上永恆的經典，不可錯過。這本書也是探究心—物問題的絕佳起點。奈格爾．沃柏頓（Nigel Warburton）的《哲學入門》（*Philosophy: the Basics*, Routledge, 4th edn, 2004）的第六章為心靈哲學提供了輕鬆易讀的介紹，不只談了心—物問題，也討論了許多嘗試解決的方法。

19 怎麼會這樣？

如果想深入了解馬勒布朗士的機緣論，可以參考史蒂文．奈德勒（Steven Nadler）主編的《劍橋伴讀：馬勒布朗士》（*The Cambridge Companion to Malebranche*, 'Cambridge Companion to Philosophy', Cambridge University, 2000）第五章，該章也由奈德勒執筆。

20 萊布尼茲的美妙童話

想了解萊布尼茲與其思想梗概，可參考我在第二章的推薦閱讀書目。若還想深入了解《單子論》的細節論述，可以參考安東尼．薩維爾（Anthony

Savile）的《路德維奇哲學指南：萊布尼茲與單子論》（*Routeledge Philosophy Guidebook to Leibniz and the Monadology*, 'Routledge Philosophy Guidebooks', Routledge, 2000），這本書也收錄了《單子論》的完整文本。

21 噢！我感覺棒呆了！

提姆．歐奇夫（Tim O' Keefe）的《伊比鳩魯主義》（*Epicureanism*, 'Ancient Philosophies', University of California Press, 2009）是伊比鳩魯哲學的絕佳入門。如果你想更深入了解的話，可以看看《劍橋伴讀：伊比鳩魯主義》（*The Cambridge Companion to Epicureanism*, 'Cambridge Companion to Philosophy', Cambridge University Press, 2009）。

22 你預測不了未來

羅素經典的哲學入門書《哲學問題》（*The Problems of Philosophy*）對於歸納法問題有非常好的敘述。事實上，這整本書的內容都很棒！千萬別錯過了。羅素的文筆精簡流利，還能夠激發讀者動腦一探究竟的興趣。

23 苦難的終結

約翰・史壯（John Strong）的《佛陀：初學者指南》（*The Buddha: A Beginner's Guide*, Oneworld Publication, 2009）對佛陀的生平與教誨介紹非常易讀而生動。關大眠（Damien Kwoen）的《佛教輕鬆讀》（*Buddhism: A Very Short Introduction*, 'Very Short Introductions', Oxford University Press, new edn, 2000）和麥克爾・凱里澤（Michael Carrithers）的《佛陀輕鬆讀》（*The Buddha: A Very Short Introduction*, 'Very Short Introductions', Oxford University Press, new edn, 2001）這兩本書也很棒。

24 差勁的性別？

想對叔本華的生平與思想背景有基本了解，可以參考我在第三章的推薦閱讀書目。

這一章裡的引文，全都出自《論女人》，收錄於E・F・J・佩恩（E. F. J. Payne）翻譯的《附錄與補遺：亞瑟・叔本華短篇哲學論文集（二）》（*Parerga* and Paralipomena: Short Philosophy Essays from Arthur Schopenhauer, Volume 2*, Clarendon Press, new edn, 2000）。如果你想更深入了解叔本華，就不能錯過布萊恩・梅基（Bryan Magee）的《叔本華哲學》（*The Philosophy of Schopenhauer*, Clarendon Press, 2nd revised edn, 1997）。克里斯多佛・簡納威主編的《劍橋伴讀：叔本華》（*The Cambridge Companion to Schopenhauer*, 'Cambridge Companions to Philosophy', Cambridge University Press, 1999）是本非常好的書，但是內容艱深多了。

25 自私是美德

亞蘭・高索夫（Allan Gotthelf）的《艾茵・蘭德》（*On Ayn Rand*, 'Wadsworth Philosophers Series', Wadsworth Publishing Co. Inc., 2000）是一本簡短而平易近人的蘭德哲學摘要——而且毫不保留地擁護蘭德的主張。如果想要多了解一點蘭德的倫理學觀點，可以試試看她自己的小說《阿特拉斯聳聳肩》（*Atlas Shrugged*, Penguin Classics, updated edn, 2007）。如果你讀過了這些之後覺得自己是個倫理利己主義者，在你下定決心前，最好也看看彼得・辛格（Peter Singer）的《生命，如何作答》（*How Are We to Live?: Ethics in an Age of Self-Interest*, Oxford Paperback, new edn,

1997）。

26 一個巴掌打得響

凱文・伯恩斯（Kevin Burns）的《東方哲學：古今聖哲》（*Eastern Philosophy: The Greatest Thinkers and Sages from Ancient to Modern Times*, Arcturus Publishing, reissue edn, 2006）聚焦於哲學思想而非宗教教義，是絕佳的東方思想入門讀物。本書對日本哲學的介紹非常值得一讀。

27 要你殺人就殺人

柏拉圖在《歐緒弗洛篇》中，藉蘇格拉底之口提出了「歐緒弗洛難題」：「神明喜愛虔誠的行為，是因為那是虔誠之舉，還是因為那樣的行為受神明喜愛，才因此被稱為虔誠呢？」茱莉亞・翟佛（Julia Driver）在《基本倫理學》（*Ethics: the Fundamentals*, 'Fundamentals of Philosophy', Wiley-Blackwell, 2006）的第二章中對於神律論的討論非常詳細而易讀。如果你想更多了解奧坎與他的理論，可以參考朗多・奇勒（Rondo Keele）的《解析奧坎》（*Ockham Explained*, 'Ideas Explained',

Open Court Publishing Co., 2009）。

28 桶中的大腦

奈格爾．沃柏頓在《哲學入門》第四章中，探討了不少證明外在世界存在的論證，其中也包括桶中大腦難題和唯我論的主張。

蓋瑞．考克斯（Gary Cox）在《如何成為哲學家：如何幾乎確定幾乎什麼事都不確定》（*How to Be a Philosopher: Or How to Be Almost Certain that Almost Nothing is Certain*, Continuum, 2010）的第二章討論了惡魔論證，而且指出這個論證為何會使笛卡兒走向唯我論的道理。

29 哈利波特真的存在

A．C．葛瑞林（A. C. Grayling）的《羅素輕鬆讀》（*Russell: A Very Short Introduction*, 'Very Short Introductions,' Oxford University Press, 2002）對羅素的生平與作品做了非常棒的介紹，不只論及了羅素對哲學與邏輯的貢獻，也討論了羅素在

社會上、政治上、大眾思想上的啟發。這本書的第二章也介紹了羅素的描述理論，也就是擊潰了麥儂對存在與潛存所持觀念的主張。

30 你怪不了任何人

內格爾的〈道德運氣〉（Moral Luck）一文收錄在丹尼爾・史泰特曼（Daniel Statman）編選的《道德運氣》（*Moral Luck*, 'Suny Series in Ethical Theory,' State University of New York Press, 1993）一書。

如果你真的想全面徹底了解道德運氣問題的話，可以看看娜芙西卡・阿薩娜蘇利斯（Nafsika Athanassoulis）的《道德、道德運氣與責任：運氣之網》（*Morality, Moral Luck and Responsibility: Fortune's Web*, Palgrave Macmillan, 2005）。

31 肩負重任！

康德是位偉大的哲學家，卻是個極為糟糕的作家。他的句子詰屈聱牙，又愛用一堆冷僻字彙與術語。除非你時間夠多，動機又強，不然直接看他的書絕不可能對他的想法有太多體悟。

所以，最好的入門書還是一般的概論書。我推薦羅傑・史庫頓（Roger Scruton）的《康德輕鬆讀》（*Kant: A Very Short Introduction*, 'Very Short Introductions', Oxford University Press, new edn, 2001）。史庫頓這本書深入淺出地介紹康德的深邃思想，實在是功力獨到！

32 當心你的行為

E・J・羅威的《心靈哲學入門》（*Introduction to the Philosophy of Mind*, 'Cambridge Introduction to Philosophy', Cambridge University Press, 2000）是本很不錯的心靈哲學入門概論。愛德華・費瑟（Edward Feser）的《心靈哲學：初學者指南》（*Philosophy of Mind: A Beginner's Guide*, 'Beginner's Guides', Oneworld Publications, revised edn, 2007）對於行為主義有非常清楚詳實的描述和討論。

33 交換身體

E．J．羅威的《洛克談人類悟性》的第六章有對於洛克人格同一性理論的極佳論述。

34 食人族難題

羅伯特．歐唐納（Robert O'Donnell）的《哲學一點通：聖多瑪斯》（*Hooked on Philosophy: Thomas Aquinas Made Easy*, Alba House, 1995）是了解聖多瑪斯思想的最佳入門書。如果你想看進階一點的內容，愛德華．費瑟的《聖多瑪斯：初學者指南》（*Aquinas: A Beginner's Guide*, 'Beginner's Guides', Oneworld, 2009）非常不錯！

35 哲學？鬼扯！

賽門．布雷克本（Simon Blackburn）在《如何讀懂休謨》（*How to Read Hume*, Granta Books, 2008）中，精簡摘要休謨的思想，是本輕薄短小的好書。

這一章所討論的觀念引自休謨自己的《人類理解力探究》。

奈格爾・沃柏頓的《哲學經典》（*Philosophy: the Classics*, Routledge, 3rd edn, 2006）對休謨的《人類理解力探究》有非常簡單扼要的介紹。除此之外，這本書也評介了柏拉圖、亞里斯多德、霍布斯、洛克、康德、叔本華、彌爾、齊克果、尼采、羅素等哲學家的作品。

36 第三種世界

波普在《無盡的探索：一名知識份子的傳記》（*Unended Quest: An Intellectual Biography*, 'Routledge Classics,' Routledge, 2nd edn, 2002）的第三十八章中討論第三世界。布萊恩・梅基的傑作《波普》（*Popper*, 'Fontana Modern Masters,' Fontana Press, reissue edn, 2010）也有一整章在討論第三世界。

37 沒什麼好討論的

史蒂芬・普利斯特（Stephen Priest）在《英國經驗論者》（*The British Empiricists*, Routledge, 2nd edn, 2007）的第八章中，對艾爾的哲學思想有簡明扼要的彙整。艾

爾本人則是在他邏輯實證論的大作《語言、真與邏輯》中定義、解釋和論證了檢證原則，並且試著在許多傳統哲學問題上套用這套方法；書中的第六章就是他對倫理學的猛烈批評。

38 上帝安息吧

尼采是在《歡愉的智慧》與《查拉圖斯特拉如是說》中論及「上帝已死」。

想對尼采有概括了解，可以參考我在第十四章的那兩本推薦書，都有談到「上帝已死」這項主張。

39 終極的惡

想多了解聖多瑪斯的生平與哲學思想，可以參考我在第三十四章的推薦閱讀書目。

聖多瑪斯對色欲之罪的表列可參考他的《神學大全》（*Summa Theologica*, II-II,

q. 154, a. 12）。這是套大部頭著作，通常分為五卷，不過現在已有電子版，市面上也有些較精簡的版本。

40 規則、規則、規則……

要說最新的道家思想入門書，首推苗建時（James Miller）的《道家：初學者指南》（*Taoism: A Beginner's Guide,* 'Beginner's Guides', Oneworld, 2008）。

41 荒謬卻真確

麥克．瓦茨（Michael Watts）的《齊克果》（*Kierkegaard,* 'Oneworld Philosophers', Oneworld, 2003）對齊克果的生平、作品與思想有非常清楚扼要的介紹。這本書的第三章專講齊克果對宗教信仰的看法以及「絕對的悖論」。約翰．D．卡普托（John D. Caputo）在《如何讀懂齊克果》（*How to Read Kierkegaard,* 'How to Read', Granta Books, 2007）的第五章彙整了齊克果的《哲學性片段》和《非科學的結語》，並做了詳盡的討論。

42 科學也沒辦法證明的事

想找波普與其思想的入門讀物，不妨試試布萊恩．梅基的《波普》。若想接觸科學哲學，可以看看查莫斯的《科學到底是什麼？》（Open University Press, 3rd edn, 1999），如果對科學史感興趣，絕對會對這本書著迷不已。

43 未經反省的生命

柏拉圖的《申辯篇》收錄在我第一章所推薦的《蘇格拉底最後的日子》。莎拉．阿貝爾—拉普（Sara Abel-Rappe）與拉查納．康提卡（Rachana Kamtekar）共同編輯的《伴你讀懂蘇格拉底》（*A Companion to Socrates*, 'Blackwell Companions to Philosophy,' Wiley-Blackwell, 2009）中，理查．克勞特（Richard Kraut）所寫的第十四章〈反省過的生命〉（The Examined Life），專門討論「未經反省的生命」，寫得非常好，值得一看。

內容簡介

奇怪的想法，不一定就是錯誤的想法

橘子不是橘色的？哈利波特是真的？丹．布朗比莎士比亞還偉大？會有這些想法，可都是受到偉大哲學家洛克、柏拉圖、尼采等人的影響。本書集結了哲學家諸多離譜怪誕的想法，讀之不禁讓人想吶喊：「太扯了！這些哲學家到底都在想什麼！」

《離經叛道的哲學大冒險》是一本不循常理的哲學入門書。作者精心選出四十三個哲學史上著名的思考挑戰，探討範圍橫跨倫理學、邏輯學、形上學，以及政治、性別和宗教，透過輕鬆幽默又不失邏輯理性的風趣筆調，將艱深的哲學論述以深入淺出、貼近生活的方式呈現，同時兼顧正反論證，引領讀者直搗哲學思辨的核心。

書中這些哲學家的想法可能會使你震驚，也可能逗你發笑、惹你生氣，或是讓你困惑，但是你終究也會認為這些想法有其道理。循著作者提供的思考線索，讀者將遭遇一次又一次的震撼教育，也許是思考的衝擊，或是觀念的印證，抑或讚嘆這些天才的腦袋實在教人佩服，但更多時候，你會在章節告一段落時，舒口氣，搖搖頭，莞爾一笑。

哲學就是這麼一門奇妙的學問，一種教人欲罷不能的頭腦體操，說它是「思考大冒險」一點也不為過。在大腦高速運轉後疲累放空的片刻，突然間領悟到為什麼蘇格拉底會說：「未經反省的生命是不值得活的！」

如果你也有同樣的感受，別忘了書末的「延伸閱讀」還有作者選錄的書單，找些相關的主題讀一讀吧，保證讓你覺得這輩子活得「很超值」。

作者簡介

蓋瑞・海頓 Gary Hayden

記者兼大眾哲學家。除了擁有哲學碩士學位外，他還為《泰晤士報教育通訊》（*The Times Educational Supplement*）與許多雜誌撰寫文稿。著有《這本書不存在：悖論大冒險》（*This Book Does Not Exist: Adventures in the Paradoxical*）。

譯者簡介

邱振訓

國立台灣大學哲學博士，研究專長為倫理學、道德心理學。譯有《大師與門徒》、《自己拯救自己》、《來生》（皆立緒出版）等書。

文字校對

馬興國

中興大學社會系畢業；資深編輯。

責任編輯

王怡之

東吳大學中文系畢業；資深編輯。

哲學

西方哲學心靈

從蘇格拉底到卡繆

傅佩榮◎著

大師解讀

24位西方大哲的思辨之旅

第一卷

蘇格拉底．柏拉圖．亞里斯多德．奧古斯丁．多瑪斯．笛卡兒．史賓諾莎．休謨

ISBN：978-986-360-006-0　定價：360元

第二卷

盧梭．康德．席勒．黑格爾．叔本華．齊克果．馬克思．尼采

ISBN：978-986-360-007-7　定價：350元

第三卷

柏格森．懷德海．卡西勒．德日進．雅士培．馬塞爾．海德格．卡繆

ISBN：978-986-360-008-4　定價：350元

四大聖哲：蘇格拉底、佛陀、孔子、耶穌

雅士培筆下，四大聖哲的修行、人格、處世，

無不栩栩如生、躍然紙上。

Karl Jaspers◎著

傅佩榮◎譯

ISBN：978-986-360-040-4

定價：350元

好的哲學會咬人：來自11位哲學家的思想挑釁

不會咬人的不是好問題，

史上最螫人的哲學問答！

Ekkehard Martens◎著

麥德文◎譯

ISBN：978-986-360-067-1

定價：320元

我思故我笑：哲學的幽默

一本出眾的哲學笑話集，

讓你在哈哈大笑中登上哲學殿堂。

John Allen Paulos◎著

古秀鈴、蔡政宏、蔡偉鼎◎譯

ISBN：978-986-360-059-6

定價：199元

大師與門徒：哈佛諾頓講座

蘇格拉底與柏拉圖、莎士比亞與

波洛涅斯、海德格及鄂蘭……

大師們與門徒的動人故事。

George Steiner◎著

邱振訓◎譯

ISBN：978-986-360-037-4

定價：250元

愛戀智慧 閱讀大師

大緒文化 閱讀卡

姓　名：

地　址：□□□

電　話：(　　)　　　　　　　　傳　眞：(　　)

E-mail：

您購買的書名：______________________________

購書書店：__________市（縣）______________書店

■您習慣以何種方式購書？

□逛書店 □劃撥郵購 □電話訂購 □傳真訂購 □銷售人員推薦

□團體訂購 □網路訂購 □讀書會 □演講活動 □其他__________

■您從何處得知本書消息？

□書店 □報章雜誌 □廣播節目 □電視節目 □銷售人員推薦

□師友介紹 □廣告信函 □書訊 □網路 □其他__________

■您的基本資料：

性別：□男 □女　婚姻：□已婚 □未婚　年齡：民國______年次

職業：□製造業 □銷售業 □金融業 □資訊業 □學生

□大眾傳播 □自由業 □服務業 □軍警 □公 □教 □家管

□其他______________________________

教育程度：□高中以下 □專科 □大學 □研究所及以上

建議事項：

立緒文化事業有限公司 收

新北市 231

新店區中央六街62號一樓

請沿虛線摺下裝訂，謝謝！

立緒文化 閱讀卡

感謝您購買立緒文化的書籍

為提供讀者更好的服務，現在填妥各項資訊，寄回閱讀卡（免貼郵票），或者歡迎上網至http://www.ncp.com.tw，加入立緒文化會員，即可收到最新書訊及不定期優惠訊息。

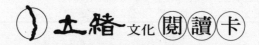

立緒文化事業有限公司　信用卡申購單

■信用卡資料

信用卡別（請勾選下列任何一種）

□VISA　□MASTER CARD　□JCB　□聯合信用卡

卡號：＿＿＿＿＿＿＿＿＿＿＿＿＿＿＿＿＿＿＿＿

信用卡有效期限：＿＿＿＿年＿＿＿＿月

訂購總金額：＿＿＿＿＿＿＿＿＿＿＿＿＿＿＿＿

持卡人簽名：＿＿＿＿＿＿＿＿＿＿＿＿＿＿＿＿（與信用卡簽名同）

訂購日期：＿＿＿＿年＿＿＿＿月＿＿＿＿日

所持信用卡銀行＿＿＿＿＿＿＿＿＿＿＿＿＿＿＿

授權號碼：＿＿＿＿＿＿＿＿＿＿＿＿（請勿填寫）

■訂購人姓名：＿＿＿＿＿＿＿＿＿＿＿＿＿＿性別：□男□女

出生日期：＿＿＿＿年＿＿＿＿月＿＿＿＿日

學歷：□大學以上□大專□高中職□國中

電話：＿＿＿＿＿＿＿＿＿＿＿＿職業：＿＿＿＿＿＿＿＿＿＿＿＿

寄書地址：□□□

＿＿＿＿＿＿＿＿＿＿＿＿＿＿＿＿＿＿＿＿＿＿＿＿＿＿＿＿＿＿

■開立三聯式發票：□需要　□不需要（以下免填）

發票抬頭：＿＿＿＿＿＿＿＿＿＿＿＿＿＿＿＿＿＿

統一編號：＿＿＿＿＿＿＿＿＿＿＿＿＿＿＿＿＿＿

發票地址：＿＿＿＿＿＿＿＿＿＿＿＿＿＿＿＿＿＿

■訂購書目：

書名：＿＿＿＿＿＿＿、＿＿＿本。書名：＿＿＿＿＿＿＿、＿＿＿本。

書名：＿＿＿＿＿＿＿、＿＿＿本。書名：＿＿＿＿＿＿＿、＿＿＿本。

書名：＿＿＿＿＿＿＿、＿＿＿本。書名：＿＿＿＿＿＿＿、＿＿＿本。

共＿＿＿＿＿本，總金額＿＿＿＿＿＿＿＿＿＿＿＿元。

⊙請詳細填寫後，影印放大傳真或郵寄至本公司，傳真電話：(02)2219-4998

國家圖書館出版品預行編目 (CIP) 資料

離經叛道的哲學大冒險 / 蓋瑞・海頓(Gary Hayden)著；
邱振訓譯，-- 初版. -- 新北市：立緒文化，民105.11
面； 公分. -- (新世紀叢書；238)
譯自：You Kant Make It Up! : Strange Ideas from History's
Great Philosophers
ISBN 978-986-360-071-8(平裝)

1.西洋哲學史 2.通俗作品

140.9 105017907

離經叛道的哲學大冒險

You Kant Make It Up!: Strange Ideas from History's Great Philosophers

出版——立緒文化事業有限公司（於中華民國 84 年元月由郝碧蓮、鍾惠民創辦）
作者——蓋瑞・海頓（Gary Hayden）
譯者——邱振訓

發行人——郝碧蓮
顧問——鍾惠民

地址——新北市新店區中央六街 62 號 1 樓
電話—— (02) 2219-2173
傳真—— (02) 2219-4998
E-mail Address —— service@ncp.com.tw
網址—— http://www.ncp.com.tw
Facebook 粉絲專頁—— https://www.facebook.com/ncp231
劃撥帳號—— 1839142-0 號 立緒文化事業有限公司帳戶
行政院新聞局局版臺業字第 6426 號

總經銷——大和書報圖書股份有限公司
電話—— (02) 8990-2588
傳真—— (02) 2290-1658
地址——新北市新莊區五工五路 2 號
排版——菩薩蠻數位文化有限公司
印刷——祥新印刷股份有限公司
法律顧問——敦旭法律事務所吳展旭律師

分類號碼—— 140.9
ISBN —— 978-986-360-071-8
出版日期——中華民國 105 年 11 月初版 一刷（1 ～ 2,000）

定價◎ 320 元 立緒